CATALOGUE
DES LIVRES
DE LA BIBLIOTHÉQUE
DE FEU
M. LE PRÉSIDENT HENAULT,

Surintendant de la Maison de la Reine, Pré-
sident Honoraire en la premiere Chambre des
Enquêtes, l'un des Quarante de l'Académie
Françoise, Honoraire de l'Académie Royale des
Belles-Lettres, des Académies Royales de Nan-
cy, de Berlin & de Suede.

A PARIS,

Chez PRAULT pere, Imprimeur-Libraire, Quai
de Gèvres, au Paradis.

M. DCC. LXXI.

TABLE
DES DIVISIONS
Contenues dans ce Catalogue.

THÉOLOGIE.

ÉCRITURE SAINTE,   page 1
LITURGIES,   2
SAINTS PERES,   3
THÉOLOGIENS,   ibid.
Théologiens Scholastiques,   ibid.
Théologiens Moraux,   4
Théologiens Catéchistes & Prédicateurs,   ibid.
Théologiens Mystiques,   5
Théologiens Controversistes,   6
Theologiens Hétérodoxes,   8

JURISPRUDENCE.

DROIT NATUREL ET DROIT DES GENS,   9
DROIT PUBLIC DE TOUTES LES NATIONS,   10
DROIT ECCLÉSIASTIQUE ET CANONIQUE,   11
Traités particuliers de la Puissance Ecclésiastique &
    Politique,   12

iv **TABLE DES DIVISIONS.**

Traités des choses Ecclésiastiques, Bénéfices, Dixmes, &c. — ibid.
Droit Canonique de France, — 13
DROIT CIVIL, CORPS DE DROIT ROMAIN, — 14
DROIT FRANÇOIS, — 15
Ordonnances, Edits des Rois de France, Arrêts, &c. — ibid.
Coutumes, — 16
Jurisconsultes François, & Traités particuliers du Droit François & Etranger, — 17
Pratiques Judiciaires, Styles, — 18
Droit Etranger, — ibid.

SCIENCES ET ARTS.

PHILOSOPHIE, — 19
PHILOSOPHES ANCIENS ET MODERNES, — ibid.
LOGIQUE, — 20
MÉTAPHYSIQUE, — ibid.
MORALE, ŒCONOMIE, — 22
POLITIQUE, — 23
PHYSIQUE, — 26
HISTOIRE NATURELLE, — 27
MÉDECINE, CHIRURGIE, — 28
MATHÉMATIQUES ET GÉOMÉTRIE, — 30
ASTRONOMIE, — 31
ARTS, — 32
Peinture, Gravure, Architecture, — ibid.

Musique,   33
Art Militaire,   ibid.
Arts différens,   35

BELLES-LETTRES.

Introduction a la Grammaire,   36

Grammairiens,   ibid.

Grammairiens Grecs,   ibid.
Grammairiens Latins,   37
Grammairiens François,   38
Grammairiens Italiens, Espagnols & Anglois,   40

Rhéteurs et Orateurs,   41

Rhéteurs & Orateurs Grecs,   ibid.
Rhéteurs & Orateurs Latins,   ibid.
Rhéteurs & Orateurs François, &c.   43

Poetes,   44

Introduction à la Poësie ; Mythologie,   ibid.
Traités de la Poësie & des Poëtes,   ibid.
Poëtes Grecs,   ibid.
Poëtes Latins ; Poëtes Latins Anciens,   45
Poëtes Latins Modernes,   50
Poëtes François ; Traités de la Poësie Françoise,   51
Poëtes François en tout genre de Poësie,   ibid.
Poëtes Dramatiques François ; Traités sur les Théâ-
  tres,   54
Poëtes Italiens,   57
Poëtes Espagnols & Anglois, &c.   58
Fables & Apologues,   59

Romans,   ibid.

Romans Grecs & Latins,   ibid.
Romans François,   60
Romans Italiens, Espagnols & Anglois,   66
Romans Philosophiques,   67
Romans Satyriques, Comiques,   68
Nouvelles & Contes,   ibid.
Voyages Imaginaires,   69
Dissertations plaisantes & badines sur diverses matie-
   res. Facéties & pieces burlesques,   ibid.

PHILOLOGUES,   70

Traités des Etudes,   ibid.
Satyres & Apologies,   72
Apophtegmes, Adages & Bons-Mots,   73

POLYGRAPHES,   74

Polygraphes Latins & François,   ibid.
Dialogues & Entretiens,   77
Epistolaires, Lettres Latines & Françoises,   78

HISTOIRE.

INTRODUCTION A L'HISTOIRE,   81

GÉOGRAPHIE, COSMOGRAPHIE,   ibid.

Voyages,   83

CHRONOLOGIE,   85

HISTOIRE UNIVERSELLE,   ibid.

HISTOIRE ECCLÉSIASTIQUE GÉNÉRALE,   89

HISTOIRE ECCLÉSIASTIQUE PARTICULIÉRE, 90

Histoire des Saints, des Martyrs, &c.   ibid.
Histoire des Conciles,   ibid.

Histoire des Papes & des Cardinaux,   91
*Histoire des Ordres Religieux, Militaires & de Che-
valerie,*   92
*Histoire des Héréfies & des Difputes élevées dans
l'Eglife,*   93

HISTOIRE PROFANE, HISTOIRE ANCIENNE,   95

Histoire des Juifs & des premieres Monarchies,   ibid.

HISTOIRE GRECQUE,   ibid.

Histoire Romaine,   97
*Histoire Romaine depuis la fondation de Rome juf-
qu'aux Empereurs,*   98
Histoire Romaine depuis les Empereurs,   99

HISTOIRE BYZANTINE,   101

HISTOIRE DE FRANCE,   102

*Traités préliminaires pour l'étude de l'Hiftoire de
France,*   102
*Traités fur l'origine & l'établiffement de la Monarchie
Françoife,*   ibid.
Géographie de la France,   103
Hiftoire Générale de France,   104
*Hiftoire particuliere des Rois de France. Hiftoire des
Rois de la premiere & de la feconde Race,*   106
*Hiftoire des Rois de la troifiéme Race jufqu'à la bran-
che de Valois,*   107
Branche des Valois jufqu'à Louis XII.   108
Branche d'Orléans Valois jufqu'à Henri IV.   110
Branche de Bourbon. Regne de Henri IV.   114
Regne de Louis XIII.   116
Regne de Louis XIV.   118
Regne de Louis XV.   125
*Traités particuliers de la Succeffion à la Couronne, &
du Gouvernement de la France,*   127

viij TABLE DES DIVISIONS.

Traités des Offices de France, Dignités du Royaume & des Magistratures, 128

Ouvrages mêlés concernant les Rois & le Royaume de France, 130

Histoire des Provinces de France, 131

Histoire d'Italie, 137

Histoire de l'Empire d'Allemagne, 139

Histoire de Flandre et de Hollande, 142

Histoire d'Angleterre, d'Écosse et d'Irlande, 144

Histoire d'Espagne et de Portugal, 148

Histoire des Peuples du Nord, 150

Histoire de l'Asie, 152

Histoire de l'Afrique, 154

Histoire de l'Amérique, 155

Histoire Généalogique, 156

Antiquités, 158

Vies des Hommes illustres Anciens et Modernes, 160

Histoire Littéraire, 166

Histoire des Sciences & des Arts, ibid.

Histoire des Académies, & leurs Mémoires, ibid.

Traité de Bibliographie, ou Histoire des Auteurs & des Ouvrages, 167

Mélanges de Littérature & Ouvrages périodiques, 170

Mélanges et Dictionnaire Historiques, 172

Livres obmis, 174

Fin de la Table.

CATALOGUE

CATALOGUE
DES LIVRES
DE FEU
M. LE PRÉSIDENT HÉNAULT.

THÉOLOGIE.

ÉCRITURE SAINTE.

N°. 1. LA Sainte Bible en Lat. & en Franç.   17 . 5
(de la traduction de Louis-Isaac le Maistre de
Sacy.) *Liege,* 1702, 3 *vol. in fol.*

2 La Sainte Bible en Franç. de la même traduc-   10 . 4
tion. *Paris,* 1712, 8 *vol. in-12.*

3 Conjectures sur les Mémoires originaux dont il   1 . 5
paroît que Moyse s'est servi pour composer la
Génèse, avec des remarques. *Bruxelles,* (*Paris,*)
1753, *in-12.*

4 Dictionnaire abrégé de la Bible. *Paris,* 1755.   15
in-12. br.

5 Nouvelle traduction des Pseaumes, avec des   1

A

notes grammaticales, (par Jacques de Melicque.)
Paris, 1705, in-8.

6 N. Testamentum, Grece, cum interpretatione
interlineari à Ben. Aria Montano. *Antuerp.* 1583,
in-8.

7 Le Nouveau Testament en François avec le
latin de la Vulgate. *Paris*, 1699, 4 *vol. in-8.*

8 Le Nouveau Testament traduit en François
selon la Vulgate, par Charles Huré. *Paris*,
1703, *in-12.*

9 Lectiones Evangeliorum & Epist. Hebraice,
cum Lat. Lectione Grece, Lat. & Germ. editæ
ab Elia. Huttero. *Noribergæ*, 1601, *in-8.*

LITURGIES.

10 Missale Romanum Pii V. jussu editum. *Parisiis,*
1739, *in-12. m. viol.*

11 Missale Parisiense à Car. de Vintimille auctori-
tate editum. *Parisiis*, 1739, *fol.*

12 L'Année Chrétienne, par Nic. le Tourneur.
Paris, 1686, 1723, 12 *vol. in-12.*

13 Offices tirés de l'Ecriture Sainte, imprimés par
ordre du Cardinal de Noailles. *Paris*, 1743, 4
vol. in-8. mar. cit.

14 Office de la Semaine Sainte en Lat. & en Franç.
(par Nic. le Tourneur, sous le nom de MM. de
Port-Royal.) *Paris*, 1708, *in-8. mar. r.*

15 L'Office de la Semaine Sainte, dédié à la Reine.
Paris, 1728, *in-8. mar. r.*

16 Office de la Vierge pour tous les jours de la
Semaine. *Paris, de l'Imprimerie Royale*, 1749,
in-12. mar. bl.

17 Dissertation sur l'Honoraire des Messes. 1748.
in-8.

SAINTS PERES.

18 Traduction d'un Discours de S. Athanase contre ceux qui jugent de la Vérité par l'autorité de la multitude. *Paris*, 1651, *in*-4.

19 Arnobii Afri Disputationum adversus Gentes libri VII. *Lugd. Bat.* 1651, *in*-4.

20 Les Confessions de S. Augustin trad. en Franç. par Rob. Arnaud d'Andilly. *Paris*, 1695, 2 *vol. in*-12.

21 La Cité de Dieu de S. Augustin trad. en Franç. avec des remarques & la vie de M. Lambert. *Paris*, 1736, 4 *vol. in*-12.

THÉOLOGIENS.

Théologiens Scholastiques.

22 Les Œuvres de M. Jacq. Ben. Bossuet, Evêq. de Meaux. *Paris*, 1743, *& années suivantes*, 20 *vol. in*-4.

23 Traité de la Divinité de J. C. par Jac. Abbadie. *Rott.* 1690. *in*-12.

24 Traité des Anges & des Démons, trad. de Maldonat, par Fr. de la Borie. *Paris*, 1617, *in*-12.

25 Lettres du Pere Nic. Malebranche sur le traité de la Nature & de la Grace. *Rott.* 1686, *in*-12.

26 L'Histoire des Congrégations de Auxiliis justifiée. *Louvain*, 1702, *in*-12.

27 Gasp. Scioppii Syntagma de cultu adorationis & honore. 1616, *in*-8.

28 De la Fréquente Communion, par Ant. Arnauld. (*Holl.*) 1683, *in*-8.

29 Christiani Matrimonii Institutio, per Desid. Erasmum. *Basileæ*, 1516, *in*-8.

Théologiens Moraux.

30 Essais de Morale contenus en divers traités sur plusieurs devoirs importans & autres ouvrages de P. Nicole. *La Haye*, 1702, 15 *vol. in-*12.

31 Traité de Morale, par le P. Nic. Malebranche. *Rott.* 1684, *in-*12.

32 Conversations Chrétiennes, par le même. *Rouen,* 1695, *in-*12.

33 Instructions sur les Dispositions qu'on doit apporter aux Sacremens de Pénitence & d'Eucharistie. *Paris*, 1701, *in-*12. *mar. n.*

34 Le Directeur Spirituel pour ceux qui n'en ont point, (par Simon Treuvé.) *Paris*, 1702, *in-*12.

35 El Pecador arrepentido, traducido del Frances de Christoval Leutebreuver en Espanol, por Juan Jor. Barry. *En Mexico*, 1715, *in-*8.

36 Lettres sur divers sujets de Morale, par Jac. Jos. du Guet. *Paris*, 1708, *in-*12.

37 Systême du Philosophe Chrétien, (par l'Abbé de Gamaches.) *Paris*, 1751, *in-*12.

38 Lettres Spirituelles sur différens sujets de Piété, par l'Abbé d'Ollone. *Paris*, 1757, *in-*12.

Théologiens Catéchistes & Prédicateurs.

39 Instructions générales en forme de Cathéchisme, composé par ordre du Ch. Joach. Colbert, Ev. de Montpellier, (par Fr. Am. Pouget.) *Paris*, 1710, 2 *vol. in-*12.

40 Sermons du P. Cheminais. *Paris*, 1730, 5 *vol. in-*12.

41 Sermons du P. Louis Bourdaloue. *Lyon*, 1757, 15 *vol in-*12.

42 Sermons & autres Œuvres du Pere Maffillon.
Paris, 1745, 13 vol. in-12.

43 Sermons pour l'Avent & pour le Carême, par
le P. Ch. de la Rue. Paris, de l'Imprim. Royale,
1719, 4 vol. in-8.

44 Panégyriques, Sermons & autres Œuvres de J.
Céfar Rouffeau de la Parifiere. Paris, 1740, 2
vol. in-12.

45 Sermons & Panégyriques du P. Segaud. Paris,
1750, 6 vol. in-12.

46 Prônes fur les Commandemens de Dieu, par
l'Abbé Ballet. Paris, 1758, 5 vol. in-12.

Théologiens Myftiques.

47 Thomæ à Kempis de imitatione Chrifti, libri
IV. Amft. Elzevir, in-12.

48 De l'Imitation de J. C. trad. en Franç. par de
Beuil, (Louis-Ifaac le Maiftre.) Paris, 1707,
in-16, m. n.

49 Méditations Chrétiennes, par le P. Nic. Malebranche. Cologne, 1683, in-12.

50 Elévations de l'Ame à Dieu, par l'Abbé Clément. Paris, 1755, in-18.

51 La Journée du Chrétien. Paris, 1742, in-18.
mar. v.

52 La Religion Chrétienne méditée pour chaque
jour de l'année. Paris, 1745, 6 vol. in-12.
mar. cit.

53 Inftruction de la Jeuneffe, par Ch. Gobinet.
Paris, 1693, in-12.

54 Le Chemin de l'Amour Divin. Defcription de
fon Palais & des Beautés qui y font renfermées.
Paris, 1746, in-12.

55 Traité de la Priere, par P. Nicole. *Paris*, 1702, 2 *vol. in-12.*

56 Traité de la Priere publique, par Jac. Jos. du Guet. *Paris*, 1707, *in-12.*

57 Prieres Chrétiennes en forme de Méditations, (par le P. Pasquier Quenel.) *Paris*, 1699, 2 *vol. in-12. mar. dentelles.*

58 Méditations pour se disposer à l'Humilité & à la Pénitence, par le P. Nic. Malebranche. *Paris*, 1701, *in-16, mar. viol.*

59 Méditations pour tous les jours de l'année sur les principaux devoirs du Christianisme. *Paris*, 1759, *in-12. mar. viol.*

60 Réflexions sur la Miséricorde de Dieu, par Madame la Duchesse de la Valliere. *Paris*, 1744, *in-12.*

61 Réflexions Saintes avec les Prieres du Matin & du Soir, par M. de Fenelon, Archev. de Cambray. *Paris*, 1729, *in-18.*

62 Sentences de Piété, par le P. Cheminais. *Paris*, 1738, *in-16.*

63 Entretiens de l'Ame avec Dieu, par l'Abbé Clément. *Paris*, 1740, *in-12.*

64 La Dévotion aux neuf Chœurs des SS. Anges, par Henry Marie Boudon. *Paris*, 1739, *in-18. mar. r.*

65 Le Guide des Pêcheurs, trad. de l'Espagnol de Louis de Grenade, par Guil. Girard. *Paris*, 1700, *in-8.*

Théologiens Controversistes.

66 Hugo Grotius de Veritate Religionis Christianæ. *Amst.* 1709, *in-12.*

67 La Vérité de la Religion Chrétienne contre les

Athées, Épicuriens, Payens, Juifs, Mahume-
distes, & autres Infideles, par Phil. de Mornay.
Paris, 1583, in-8.

68 Pensées de Blaise Pascal sur la Religion. Paris,
1670, in-12.

69 Traité de la Vérité de la Religion Chrétienne,
par Jac. Abbadie. (Rouen), 1690, 2 vol. in-12.

70 La Religion Chrétienne prouvée par les faits,
par l'Abbé Houteville. Paris, 1722, in-4.

71 La Religion Chrétienne démontrée par la Ré-
surrection de J. C. trad. de l'Anglois de Homfroy
Ditton. Paris, 1729, in-4.

72 Méthode pour discerner la véritable Religion
Chrét. d'avec les fausses. Nancy, 1728, in-12.

73 Exposition de la Doctrine de l'Eglise, par M.
Bossuet. (Holl.) 1680, in-12.

74 Le Christianisme raisonnable trad. de l'Anglois
de Locke. Amst. 1731, 2 vol. in-8.

75 L'Incrédule détrompé, & le Chrétien affermi
dans sa foi, par l'Abbé de Pontbriand. Paris,
1752, in-8.

76 Religionis Naturalis & Moralis Philosophiæ
Principia, methodo scholastica digesta. Parisiis,
1752, 2 vol. in-8. br.

77 Lettres Critiques, ou analyse & refutation de
divers écrits modernes contre la Religion. Paris,
1755, 4 vol. in-12. br.

78 L'Incrédulité convaincue par les Prophéties.
Paris, 1759, 3 vol. in-12. br.

79 The Study of Sacred Litterature Fully stated
and considered. London, 1758, in-8. br.

80 L'Insufisance de la Religion naturelle prouvée
par les vérités des Livres Saints, par le P. Griffet.
Liege, 1770, 2 vol. in-12.

A iv

81 Notions philofophiques des vérités fondamen-
tales de la Religion. *Nancy*, 1758, *in-12.*

82 Inftruction Paftorale de M. l'Evêque du **Puy**
fur la prétendue philofophie des Incrédules modernes. *Lyon*, 1763, *in-4.*

83 Inftruct. Paftorale du même fur l'Héréfie, pour
fervir de fuite à la précédente. *Lyon*, 1766, *in-4.*

Théologiens Hétérodoxes.

84 Lettre d'un Théologien réformé à un Gentil-
homme Luthérien, par Armand de la Chapelle.
Amft. 1736, 2 *vol. in-8.*

85 Traité des anciennes Cérémonies, par Jonas
Porée. *Quevilly*, 1673, *in-12.*

86 L'Efprit de M. Arnaud, (par P. Jurieu.) *De-
venter*, 1684, 2 *vol. in-12.*

87 Georg. Wallini de Sancta Genovefa Parifiorum
& totius Regni Galliæ Patrona difquifitio theolo-
gica cum figuris. *Wittenbergæ*, 1723, *in-4.*

88 Differtation fur la Validité des Ordinations des
Anglois, par Fr. le Courayer. *Bruxelles*, 1723,
2 *vol. in-12.*

89 La Differtation du P. le Courayer réfutée par le
P. J. Hardouin. *Paris*, 1724, 2 *vol. in-12.*

90 Défenfe de la Differtation fur la Validité des
Ordinations des Anglois, par le P. le Courayer.
Bruxelles, 1726, 4 *vol. in-12.*

91 Hiftoire curieufe de la vie, de la conduite &
des vrais fentimens de J. de la Badie. *La Haye*,
1670, *in-12.*

92 Præadamitæ, (autore Ifaaco la Peyrere.) 1655,
in-12.

93 L'Alcoran de Mahomet, trad. de l'Arabe par
And. du Ryer. *Amft.* 1734, 2 *tom. en* 1 *vol in-12.*

JURISPRUDENCE.

Droit Naturel et Droit des Gens.

94 DE l'Esprit des Loix, (par Ch. Secondat de Montesquieu.) *Geneve, 1759, 3 vol. in-12. v. f. d. f. t.*

95 Examen de l'Esprit des Loix pour servir de préservatif au Lecteur. *1750, in-12.*

96 Défense de l'Esprit des Loix, (par M. de Montesquieu.) *Geneve, (Paris), 1750, in-12.*

97 Observations sur l'Esprit des Loix, ou l'art de lire ce livre, de l'entendre & d'en juger, (par l'Abbé de la Porte.) *Amst. (Paris), 1751, in-12.*

98 L'Esprit des Loix quintessencié par une suite de lettres analytiques (attribuées à l'Abbé de Bonair.) *1751, 2 vol. in-12.*

99 { Suite de la Défense de l'Esprit des Loix, ou examen de la réplique du Gazetier Eccl. à la Défense de l'Esprit des Loix. *Berlin, 1751.*

Apologie de l'Esprit des Loix, ou réponse aux observations de M. de L. P. par M. de R. *Amst. 1751, in-8.*

100 Le Droit de la Nature & des Gens, trad. du latin de Samuel Puffendorf, par J. Barbeyrac. *Basle. 1732, 2 vol. in-4.*

101 Principes du Droit Naturel, par Burlamaqui. *Geneve, 1747, in-4.*

102 Essai sur l'Histoire du Droit Naturel. *Londres, (Paris), 1752, 2 vol. in-12.*

103 L'Ordre naturel & essentiel des Sociétés politiques. *Paris, 1767, in-4.*

104 L'Esprit des Maximes politiques pour servir de
suite à l'Esprit des Loix, par Pecquet. *Paris.
1757, in-4.*

105 Principes du Droit Politique, (par Burlamaqui.) *Amst. (Paris,) 1751, 2 vol. en-12.*

DROIT PUBLIC DE TOUTES LES NATIONS.

106 Le Droit public de l'Europe fondé sur les traités conclus jusqu'en 1740. *La Haye, (Paris),
1746, 2 tom. en 1 vol, in-12.*

107 Principes des Négociations pour servir d'introduction au Droit public de l'Europe, par
l'Abbé de Mably. *La Haye, (Paris), 1757,
in-12. br.*

108 Le Droit de la Guerre & de la Paix, trad. du
lat. d'Hugues Grotius, avec des notes, par J.
Barbeyrac. *Amst. 1724, 2 vol. in-4.*

109 Dictionnaire universel du Commerce, par
Jacques Savary. *Paris, 1723, 3 vol. in-fol.*

110 Les Us & Coûtumes de la Mer. *Rouen, 1671,
in-4.*

111 Les Intérêts présens des Princes de l'Europe,
par J. Rousset. *La Haye, (Trevoux), 1734,
17 vol. in-12.*

112 Recueil de traités de Paix depuis 536, jusqu'en 1700, rassemblés par Amelot de la Houssaye. *La Haye, 1700, 4 vol. in-fol.*

113 Recueil de traités de Paix, rassemblés par
Frédéric Leonard. *Paris, 1693, 7 vol. in-4.*

114 Hist. des traités de Paix, (par le Marquis de
S. Pré.) *Amst. 1725, 2 vol. in-fol.*

115 Nouveau Recueil de traités d'alliance depuis
la paix de Munster jusqu'en 1709, recueillis par
J. du Mont. *Amft.* 1710, 2 *vol. in-12.*

116 Mémoires de M. *** (de Torcy), depuis le
traité de Rifwick jusqu'à la paix d'Utrecht. *La
Haye*, 1756, 3 *vol. in-12.*

117 Mémoires pour fervir à l'Hift. du XVIIIe.
Siécle, par de Lamberty. *La Haye*, 1724, 14
vol. in-4.

118 Actes, Mémoires & autres Piéces concernant
la Paix d'Utrecht. *Utrecht*, 1713, 3 *vol. in-12.*

119 Recueil de Traités conclus à Utrecht en 1713.
Paris, 1713, *in-4.*

120 Recueil d'Actes & Négociations recueillis par
J. Rouffet. *La Haye*, 1728, & *fuiv.* 10 *vol. in-12.*

121 Remarques fur la Pacification générale. *Liege*,
1736, *in-12.*

122 Mémoire hift. fur les Négociations de la France
& de l'Angleterre. *Paris*, 1761, *in-8.*

123 Recueil de piéces pour fervir à l'Hift. d'Aix-
la-Chapelle. *Londres*, 1753, *in-8.*

DROIT ECCLÉSIASTIQUE ET CANONIQUE.

124 Inftitution au Droit Eccléfiaftique, par Cl.
Fleury. *Paris*, 1730, 2 *vol. in-12.*

125 Hift. du Droit Canonique & du gouverne-
nement de l'Eglife, par Guerin. *Avignon,* (*Paris*)
1750, *in-12.*

126 Eclairciffemens fur l'autorité des Conciles
généraux & des Papes, (par Ant. Arnauld.)
1711, *in-8.*

127 Notes fur le Concile de Trente, par Eft.
Rafficod. *Cologne*, 1716, *in-8.*

128 Lettres & Mémoires de Fr. de Vargas touchant le Concile de Trente, trad. de l'Espagnol par Mich. le Vassor. *Amst.* 1699, *in-8.*

129 Corpus Juris Canonici cum indicibus & appendice Pauli Lanceloti. *Lugd.* 1616, *in-4.*

130 Institutiones Juris Canonici à J. Paulo Lanceloto conscriptæ. *Paris*, 1675, *in-12.*

Traités particuliers de la Puissance Ecclésiastique & Politique.

131 De la Puissance Royale sur la Police de l'Eglise. *in-12.*

132 Traité de l'autorité des Rois touchant l'administration de l'Eglise, par Omer Talon. *Amst.* 1700, *in-8.*

133 De l'autorité du Clergé & du pouvoir du Magistrat politique. *Amst.* (*Paris*), 1766, 2 vol. *in-12.*

134 Traité des bornes de la puissance Eccl. & de la puissance Civile. *Amst.* 1734, *in-8.*

Traités des Choses Ecclésiastiques. Bénéfices, Dixmes, &c.

135 Traité des Bénéfices, trad. de l'Italien de Fr. Paolo Sarpi, par de S. Marc. *Amst.* 1685, *in-12.*

136 Hist. de l'origine & du progrès des Revenus Ecclésiastiq. par Jérome Acosta, (Rich. Simon.) *Francfort*, 1691, *in-12.*

137 Traité des Matieres Bénéficiales. *Paris*, 1721, *in-4.*

138 Traité des Bénéfices Eccl. par M. P. Gibert. *Paris*, 1736, 3 vol. *in-4.*

139 Traité des Droits du Roi sur les Bénéfices de ses Etats. 1752, 2 vol. *in-4.*

140 Traité des Annates des Bénéfices. *Amst.* 1718, *in*-12.

141 Traité hist. & chron. des Dixmes, par Mich. du Perray. *Paris*, 1725, 2 *vol. in*-12.

142 Traité de l'Abus, par Ch. Fevret. *Lyon*, 1736, 2 *vol. in-fol.*

143 Examen de deux Questions importantes sur le Mariage. 1753, *.in*-4.

Droit Canonique de France.

144 Hist. du Droit Public, Ecclésiast. François. *Londres*, 1737, 2 *vol. in*-12.

145 Observations sur le Concordat fait entre Léon X. & François Ier. par Mich. du Perray. *Paris*, 1722, *in*-12.

146 Questions sur le même sujet, par le même auteur. *Paris*, 1723, 2 *vol. in*-12.

147 Commentaires de P. du Puy sur le traité des Libertés de l'Eglise Gallicane, de P. Pithou. *Paris*, 1715, 2 *vol. in*-4.

148 Traités des Droits & Libertés de l'Eglise Gallicane. *Paris*, 1731, 4 *tom.* en 2 *vol. in-fol.*

149 P. de Marca libri VIII. dissertationum de Concordia Sacerdotii & Imperii. *Paris*, 1704, *in-fol.*

150 Discours sur les Libertés de l'Eglise Gallicane, par l'Abbé Fleury. 1765, *in*-12.

151 Traité de l'Autorité des Papes. *La Haye*, 4 *tom.* en 3 *vol. in*-12.

152 Du Droit des Franchises des quartiers de Rome où logent les Ambassadeurs de France. *Amst.* 1688, *in*-8.

153 Réfutation d'un Libelle Italien en forme de Réponse à la protestation du Marquis de Lavardin. 1688, *in*-4.

154 Legatio Lavardini Romam, ejúſque cum Innocentio XI. Diſſidium. 1705, *in-12.*

155 Abrégé du Recueil des Actes, Titres & Mémoires concernant les affaires du Clergé. *Paris*, 1752, *in-fol.*

156 Lettres ſur le Clergé de France, avec les Remontrances du Clergé faites au Roi en 1749, ſur la levée du Vingtiéme. *Londres*, (*Paris*,) 1750, *in-8.*

157 Examen impartial des Immunités Eccléſiaſt. *Londres*, (*Paris*) 1751, *in-12.*

158 Tradition des faits qui manifeſtent le ſyſtême d'Indépendance des Evêques. 1753, *in-12.*

159 Nouv. Traité de la Régale, par de la Roque. *Rott.* 1685, *in-12.*

160 Traité ſingulier des Régales, ou des Droits du Roi ſur les Bénéfices Eccléſiaſt. par Fr. Pinſon. *Paris*, 1701, 2 *vol. in-4.*

161 Traité ſur l'origine de la Regale, par Gaſp. Audoul. *Paris*, 1708, *in-4.*

162 Traité de l'Indult du Parlement de Paris, par Cochet de S. Valier. *Paris*, 1705, 2 *vol. in-12.*

Droit Civil, Corps de Droit Romain.

163 Corpus Juris Civilis, cum notis Dion-Gothofredi. *Lut. Pariſ. Vitray*, 1627, 2 *vol. in-fol.*

164 Cl. Colombet in L. libros Pandectarum, ſeu Digeſtorum Paratitla. *Pariſiis*, 1685, *in-12.*

165 Juſtiniani Imp. Juſtitutionum libri IV. *Lugd.* 1608, *in-4.*

166 Eædem Juſtiniani Inſtitutiones, ex editione Arnoldi Corvini. *Amſt. Elzevir*, 1676, *in-12.*

167 Arnoldi Vinnii Commentarius in IV. libros

Inſtitutionum Imperialium. *Lugd.* 1633 ; 2 *tom.*
en un vol. *in-4.*

168 Ejuſdem Vinnii Notæ in Inſtitutiones Juſtiniani. *Pariſiis,* 1698, *in-12.*

169 Les Loix Civiles, par Domat. *Paris,* 1705 ;
in-fol.

170 Car. Sigonii libri XI. de antiquo Jure Civium
Romanorum. *Pariſiis,* 1576, *in-fol.*

171 And. Raym. de Paucy Tractatus de Pignori-
bus & Hypotecis. *Pariſiis,* 1687, *in-12.*

172 Hiſtoire de la Juriſprudence Romaine, par
Ant. Terraſſon. *Paris,* 1750, *in-fol.*

DROIT FRANÇOIS.

173 Recherches pour ſervir à l'Hiſtoire du Droit
François, (par M. Groſley.) *Paris,* 1752, *in-12.*

174 Inſtitution au Droit François, par Argou.
Paris, 1739, 2 *vol. in-12.*

175 Le Droit public de France éclairci par les
monumens de l'antiquité, par Bouquet, *Paris,*
1756, *in-4. tome* Ier.

176 Examen de la Diſſertation de l'Abbé de Vertot ſur l'origine des Loix Saliques, par Pierre
Rival. *Amſt.* 1727, *in-12.*

Ordonnances , Edits des Rois de France ,
Arrêts , &c.

177 Les Edits & Ordonnances des Rois de
France recueillis par Pierre Neron & Etienne
Girard. *Paris,* 1685, *in-fol.*

177 * Les mêmes, nouvelle édition augmentée.
1720, 2 *vol. in-fol.*

178 Ordonnances des Rois de France recueillis

par MM. de Lauriere, Secousse & de Villevault.
Paris, 1723, — 1755, 12 *vol. in-fol.*

179 Conférence des Ordonnances Royaux, par
Pierre Guenois. *Paris*, 1678, 2 *vol. in fol.*

180 Code Militaire, par Briquet. *Paris*, 1735,
4 *vol. in-12.*

181 Conférence des Ordonnances de Louis XIV,
par Philippe Bornier. *Paris*, 1703, 2 *vol. in-4.*

182 Dictionnaire portatif des Eaux & Forêts, par
M. Macé. *Paris*, 1766, 2 *vol. in-8.*

183 Code des Chasses. *Paris*, 1713, 2 *vol. in-12.*

184 Procès-verbal des Ordonnances de 1667,
& 1670, *Louvain*, 1700.

185 Notes & observations sur l'Edit de 1695, par
Michel du Perray. *Paris*, 1723, 2 *vol. in-12.*

186 Conférences de l'Ordonnance des Aides, par
Jacques Jacquin. *Paris*, 1703, *in-4.*

187 Dictionnaire universel de Justice, Police &
Finance, par François-Jacques Chasles. *Paris*,
1725, 3 *vol. in-fol.*

188 Recueil d'Edits & Arrêts sur différentes ma-
tiéres. 6 *vol. in 4.*

189 Recueil d'Edits & Arrêts concernant l'Hôpital Général, les Enfans Trouvés, le Saint Esprit
& autres. *Paris*, 1745, *in-4.*

Coûtumes.

190 Institutes Coûtumieres de Loisel, avec des
notes, par Eusebe de Lauriere. *Paris*, 1710,
2 *vol. in-12.*

191 Les Coûtumes générales & particulieres de
France, avec les notes de Dumoulin. *Paris*,
1615, 2 *vol. in-fol.*

192 Mémoires concernant le Comté & Pairie
d'Eu,

d'Eu, par Louis Froland. *Paris, 1729, in-4.*

193 Coûtume du Pays & Duché de Normandie. *Rouen, 1732, in-12.* 1 . 4

194 Nouveau Commentaire fur la Coûtume de Paris, par Claude de Ferrière, augmenté par Sauvan d'Aramon. *Paris, 1741, 2 vol. in-12.* 3 . 1

195 Coûtume de Senlis, commentée par de S. Leu. *Paris, 1703, in-4.* 18 . 1

Jurifconfultes François, & Traités particuliers de Droit François & Etranger.

196 Œuvres de Barthelemi Auzanet. *Paris, 1708, in-fol.* 22

197 Œuvres de Jean Bacquet, augmentés par Claude de Ferriere. *Paris, 1688, in-fol.* 4 . 10

198 Œuvres de Charles Loifeau. *Paris, 1678, in-fol.* 14

199 Œuvres de Dupleffis. *Paris, 1702, in-fol.* 7

200 Recueil de Jurifprudence, par Gui du Rouffeau de la Combe. *Paris, 1736, in-4.* 1

201 Traité des Fiefs & de leur origine, par Louis Chantereau le Febvre. *Paris, 1662, in-fol.* 4 . 10

202 De l'ufage des Fiefs, par Denis Salvaing. *Grenoble, 1731, in-fol.* 6

203 Nouvel examen de l'ufage des Fiefs, par Bruffel. *Paris, 1727, 2 vol. in-4.* 12 . 2

204 Traité des Fiefs, par Germain Ant. Guyot. *Paris, 1738, 2 vol. in-4.* 4 . 12

205 Traité du Droit commun des Fiefs, par Gœtfmann. *Paris, 1765, 2 vol. in-12. d. f. t.* 4 . 16

206 Traité de la Diffolution du Mariage pour caufe d'impuiffance, par le Préfident Bouhier. *Luxembourg, 1735, in-8.* 1 . 10

B

207 Traité de la Succeffion des Meres en vertu de l'Edit de S. Maur de 1567. *Dijon*, 1726, *in-8.*

Pratiques Judiciaires, Stiles.

208 Le Praticien François, par Lange. *Paris*, 1719, 2 *vol. in* 4.

209 Le Procès Civil & Criminel, par le Brun de la Rochette. *Lyon*, 1664, *in-4.*

210 Nouveau ftile des Lettres de Chancellerie, par du Sault. *Paris*, 1666, *in-4.*

211 Plaidoyers & Mémoires de Manory. *Paris*, 1759 & *fuiv.* 17 *vol. in-12. br.*

212 Caufes célèbres & intéreffantes, par Gayot de Pitaval. *Paris*, 1738, 12 *vol. in-12.*

213 La Bibliotheque du Droit François, par Laurent Bouchel, avec des notes de L. Bechefer. *Lyon*, 1671, 3 *vol. in-fol.*

214 Nouveau Dictionnaire Civil & Canonique de Droit & de Pratique. *Paris*, 1717, *in-4.*

Droit Étranger.

215 Expofition abrégée du plan du Roi de Pruffe pour la réformation de la Juftice, par Formey. *Berlin*, 1748. *Dans le même vol.* Mémoires pour fervir à l'hiftoire de Brandebourg. *in-12.*

216 Code Frédéric, ou corps de Droit pour les Etats du Roi de Pruffe, avec la défenfe. 1751, 3 *vol. in-8.*

SCIENCES ET ARTS.

PHILOSOPHIE.

PHILOSOPHES ANCIENS ET MODERNES.

217 Dictionnaire raisonné des Sciences, des Arts & des Métiers. *Paris*, 1751, 6 vol. in-fol.   199 · 19

218 Œuvres de Platon traduites par André Dacier. *Paris*, 1701, 2 vol. in-12.   7 · 5

219 La République de Platon, ou Dialogue sur la Justice. *Paris*, 1762, 2 vol. in-12.   6 · 1

220 Les Hipotiposes, ou Institutions Pirroniennes de Sextus Empiricus. 1725, in-12.   2 · 6

221 L. Annæi Senecæ Opera. *Lugd. Bat. Elzevir*, 1639, 3 vol. in-12.   8 · 19

222 Analyse de la Philosophie de Fr. Bacon, (par de Leyre.) *Paris*, 1755, 3 vol. in-12.   6

223 Œuvres de René Descartes. *Paris*, 1657, 9 vol. in-4. & in-12.   18

224 Joan. Clerici Opera Philosophica. *Amstelodami*, 1710, 4 vol. in-12.   3 · 19

225 G. J. Sgravesande Introductio ad Philosophiam. *Leidæ*, 1765, 3 vol. in-8.   5

226 Le vrai Système de Physique générale d'Isaac Newton, par le P. Castel. *Paris*, 1743, in-4.   4

227 Elémens de la Philosophie de Newton, mise à la portée de tout le monde, par de Voltaire. *Amst.* 1738, in-8.   2

228 Examen & réfutation des élémens de la   1 · 10

Philosophie de Newton de M. de Voltaire, par
Jean Banieres. *Paris*, 1739, *in-8.*

229 Chroagénésie , ou génération des Couleurs
contre le Systême de Newton , par Gautier.
1749, *in-12.*

230 Le Newtonianisme pour les Dames , traduit
de l'Italien d'Algarotti , par du Perron de Castera. *Paris* , 1738 , *in-12.*

231 La Philosophie applicable à tous les objets de
l'esprit, par l'abbé Terrasson. *Paris* , 1754, *in-12.*

LOGIQUE.

232 Ger. Joan. Vossii de Logices & Rhetoricæ
natura & constitutione libri duo. *Hagæ, Comitis* , 1658 , *in-4.*

233 La Logique , ou l'art de penser, par MM.
de Port-Royal. *Paris* , 1668, *in-12.*

234 La même. *Amst.* 1718, *in-12.*

235 Principes de Certitude , ou essai sur la Logique. *Paris* , 1763 , *in-12.*

MÉTAPHYSIQUE.

236 Elémens de Métaphysique à la portée de tout
le monde , par le Pere Buffier. *Evreux*, 1725,
in-12.

237 Entretiens sur la Métaphysique & sur la Religion , par le Pere Malebranche , & autres ouvrages du même. *Roterdam* , 1688 , *9 vol. in-12.*

238 Œuvres Philosophiques, ou démonstration de
l'existence de Dieu , par M. de Fenelon, avec
des réflexions du P. Tournemine. *Amst.* 1731,
2 *vol. in-8.*

239 Paradoxe fur l'incertitude, vanité & abus des
Sciences, traduit du latin de Henri-Corneille
Agrippa. 1603, *in-12*.

240 Effai Philofophique concernant l'entendement
humain, traduit de l'anglois de Locke, par Pierre
Cofte. *Amft.* 1742, *in-4*.

241 Differtation fur l'immatérialité, l'immortalité
& la liberté de l'ame. *Paris,* 1755, *in-12*.

242 Introduction à la connoiffance de l'Efprit humain. *Paris,* 1746, *in-12*.

243 Effai fur l'origine des Connoiffances humaines.
Amft. 1746, 2 *tomes en un vol. in-12*.

244 Recherches fur l'origine des idées que nous
avons de la Beauté & de la Vertu. *Amft.* 1749,
2 *tomes en un vol. in-4*.

245 Effai fur le méchanifme des Paffions en général, par Lallemant. *Paris,* 1751, *in-12*.

246 Traité des Senfations, par l'Abbé de Con-
dillac. *Londres,* (*Paris*) 1754, 2 *vol. in-12*.

247 Traité des Animaux, par le même. *Paris,*
1755, *in-12. br.*

248 Nouvelle Théorie de l'Homme. *Avignon,*
1753, 3 *vol. in-12*.

249 Effai fur le génie & le caractére des Nations,
par l'Abbé de Mably. *Bruxelles,* 1743, 2 *vol.*
in-12.

250 L'Efprit des Nations. *La Haye,* 1752, 2
vol. in-12.

251 Hiftoire critique de l'Ame des Bêtes, par
Guer. *Amft.* 1749, 2 *vol. in-8*.

252 Amufement philofophique fur le Langage des
Bêtes, par le Pere Bougeant. *Paris,* 1738,
in-12.

253 Le comte de Gabalis, ou entretiens fur les

Sciences fecrettes, par l'Abbé de Villars. *Lond.*
1742 , 3 *vol. in-12.*

MORALE, ŒCONOMIE.

1 · 3 254 Maffime, Efempi, e Trattati publici in Thucidide. *In Firenze,* 1756 *, in-8.*

1 · 5 255 Les Caractères de Théophrafte, par la Bruyere.
Paris, 1699 & 1700 , 2 *vol. in-12.*

58 · 19 256 Les Œuvres morales de Plutarque , traduites
du grec , par Jacq. Amyot. *Paris, Vafcofan,*
1574 , 7 *vol. in-8. m. r.*

5 · 19 257 Le Philofophe Payen , ou Penfées de Pline ,
par Formey. *Leyde,* 1759 , 3 *vol. in-12.*

16 · 18 258 Boetius de Confolatione Philofophiæ , cum
notis Petri Callii , ad ufum Delphini. *Parifiis,*
1680, *in- .*

3 · 6 259 De la Sageffe , par Pierre Charron. *Paris,*
1657 , *in-12.*

1 · 7 260 L'Art de fe connoître foi-même , par Jacques
Abadie. *Roterdam,* 1693 , *in-12.*
261 Effai pour parvenir à la connoiffance de l'Homme , par Coutan. *Paris,* 1751 , *in-12.*

2 · 10 262 L'Efprit du Siecle , ou réflexions fur divers
fujets de morale , tirées des écrits des auteurs
vivans. *Amft.* (*Paris,*) 1746 , *in-12.*
263 Amufement de la Raifon , par l'Abbé Seran
de Tour. *Paris,* 1752 , 2 *vol. in-12.*

3 · 2 264 Les Caractères , par Madame de Puifieux.
Londres, (*Paris*) 1750 & 1751 , 2 *vol. in-12.*

1 · 10 265 Confidérations fur les Mœurs de ce fiecle ,
par du Clos. *Paris,* 1751 , *in-12.*

4 266 Les mêmes, *Paris,* 1751 , *in-8.*

1 · 2 267 Mes Loifirs , ou recueil de réflexions morales

fur divers fujets, par le Chevalier d'Arc. *Paris*, 1755, *in-8*.

268 Les Elémens & progrès de l'Éducation, par de Bonneval. *Paris*, 1743, *in-8*.

269 Teftament, ou confeils fidèles d'un bon pere à fes enfans, par P. Fortin de la Hoguette. *Paris*, 1661, *in-12*.

270 Lettres au Prince Royal de Suede pour l'éducation de ce Prince, par le Comte de Teffin. *Paris*, 1755, 2 *vol. in-12*.

271 Morale des Princes, traduite de l'italien du Comte J. B. Comazzi. *La Haye*, 1754, 4 *vol. in-12. br.*

272 Le Spectateur, ou le Socrate moderne, trad. de l'anglois de Richard Steele. *Bafle*, 1737, 6 *vol. in-12*.

273 Le Babillard, ou le Nouvellifte philofophe. *Bafle*, 1737, 2 *vol. in-12*.

274 Effais fur la néceffité & fur les moyens de plaire, par de Moncrif. *Paris*, 1738, *in-12*.

275 Réflexions fur divers fujets de Morale. 1750, *in-8*.

276 Les Amufemens des Gens d'Efprit. *Amft.* (*Paris*) 1756, *in-12. br.*

277 Réflexions diverfes, par le Chevalier de Bruix. *Paris*, 1758, *in-12*.

278 L'Elixir de la Morale Indienne, traduit de l'anglois. *Paris*, 1760, *in-12. br.*

POLITIQUE.

279 Politique tirée des propres paroles de l'Ecriture Sainte, par Jac. Bénigne Boffuet. *Paris*, 1709, *in-4*.

4 · 18 280 Difcours hiftoriques, critiques & politiques fur Tacite, traduits de l'anglois de Th. Gordon. *Amft.* 1742, 2 *vol. in-12.*

6 281 Difcours Politiques, traduits de l'anglois de M. Hume. *Amft.* 1754, 2 *vol. in-12.*

4 282 Les Œuvres de Nicolas Machiavel, traduites de l'italien. *Paris,* 1664, 2 *vol. in-12.*

2 · 12 283 Le Prince, trad. de l'italien, du même. *Amft.* 1696, *in-12.*

2 · 8 284 Anti-Machiavel, ou effai de critique fur le Prince de Machiavel, publié par de Voltaire. *La Haye,* 1740, *in-8.*

1 · 16 285 Le Prince, ou confeils politiques adreffés à la Nobleffe de Venife, par Paul Sarpi. *Berlin,* 1751, *in-12.*

1 286 Recueil de Maximes pour l'inftitution du Roi, (par Joly.) 1652, *in-8.*

287 L'Homme de Cour, traduit de l'efpagnol de Balth Gracian, par Amelot de la Houffaye. *Paris,* 1684, *in-4.*

3 · 2 288 Abrégé de la République, de Bodin. *Londres,* (*Paris*) 1755, 2 *vol. in-12.*

1 289 Traité de l'obéiffance des Chrétiens aux puiffances temporelles. *Utrecht,* 1735, *in-12.*

1 · 9 290 Traité du pouvoir du Magiftrat politique fur les chofes facrées, traduit du latin de Grotius. *Londres,* 1751, *in-12.*

1 · 10 291 Lettres fur l'efprit du Patriotifme, traduites de l'anglois de Bolingbroke, par M. de Biffy. *Londres,* 1750, *in-8.*

5 · 16 292 Recueil des Teftamens politiques du Cardinal de Richelieu, du Duc de Loraine, de Colbert & de Louvois. *Amft.* (*Paris*) 1749, 4 *vol. in-12.*

1 · 5 293 Effai philofophique fur le Gouvernement Ci-

vil, par de Ramſay. *Londres, 1721, in-12.*

294 Sciences des Princes, ou conſidérations po- 1 . 10
litiques ſur les coups d'Etat, par Gabriel Naudé,
avec les réflexions de Louis du May. 1673, *in-8.*

295 La même. 1712, *in-12.*

296 La Science du Gouvernement, par de Real. 44 . 19
Aix-la Chapelle, 8 vol. in-4.

297 Conſidérations ſur le Gouvernement ancien & 3 . 3
préſent de la France. *Amſt.* 1765, *in-8.*

298 Projet pour rendre la paix perpétuelle en 3 . 16
Europe, par l'Abbé de S. Pierre. *Utrecht* 1713,
1717 & 1729, 4 *vol. in-12.*

299 Eſſai ſur la Marine & le Commerce, par 2
Deſlandes. 1743, *in-8.*

300 Eſſai ſur les intérêts du Commerce Maritime, 2 . 11
par de Guerty. *La Haye, 1754, in-12.*

301 Elémens du Commerce. *Leyde, (Paris ;)*
1753, 2 *vol. in-12.*

302 Remarques ſur les avantages & les déſavan- 1
tages de la France & de la Grande-Bretagne
par rapport au Commerce, trad. de l'anglois de
Nickolls. *Leyde,* 1754, *in-12.*

303 Rétabliſſement des Manufactures & du Com- 1 . 11
merce d'Eſpagne, traduit de l'eſpagnol de Don
Bern. de Vlloa. *Amſt.* 1753, *in-12.*

304 La Nobleſſe Militaire & Commerçante. *Paris ;* 1 . 7
1756, 3 *vol. in-12. br.*

305 Mémoires touchant les Ambaſſadeurs & les 1 . 16
Miniſtres publics, par de Wicquefort. *La Haye,*
1677, *in-8.*

306 L'Ambaſſadeur & ſes Fonctions, par le même. 4
La Haye, 1681, 2 *vol. in-4.*

307 Franc. de Roye Opus de Miſſis Dominicis, 3 . 10
eorum officio & poteſtate. *Lipſiæ,* 1744, *in-8.*

PHYSIQUE.

2.6 308 L'Origine ancienne de la Physique nouvelle, par le P. Regnault. *Paris*, 1746, 3 *vol. in-12.*

4.6 309 Institutions de Physique, par Madame la Marquise du Chastelet. *Paris*, 1740, *in-8. fig.*

310 Essai de Cosmologie, par de Maupertuis. 1750, *in-8.*

5.13 311 Histoire du Ciel, par Peluche. *Paris*, 1739, 2 *vol. in-12.*

1 312 Mémoires sur la structure intérieure de la Terre, par Elie Bertrand. *Zuric*, 1752, *in-8.*

4.10 313 Essai physique sur l'œconomie animale, par Quesnay. *Paris*, 1747, 3 *vol. in-12.*

3.10 314 Nouvelles Observations microscopiques, avec des découvertes intéressantes sur la composition & la décomposition des Corps organisés, par Needham. *Paris*, 1750, *in-12.*

6.2 315 Expériences Physico-méchaniques sur différens sujets, traduites de l'anglois de Hauksbée, par de Bremond. *Paris*, 1754, 2 *vol. in-12.*

1.2 316 Traité de l'équilibre des Liqueurs & de la pésanteur de l'Air, par Blaise Pascal. *Paris*, 1663, *in-12.*

3.10 317 Recherches sur la fermentation & sur la nature du Feu, par Rouviere. *Paris*, 1708, *in-12.*

318 Dissertation sur la nature & la propagation du Feu, par Madame du Chastelet. *Paris*, 1744, *in-8.*

2 319 Expériences & observations sur l'Electricité faites à Philadelphie, en Amérique, par Benjamin Franklin. *Paris*, 1752, *in-12.*

1 320 Dissertation sur l'incompatibilité de l'Attrac-

tion & fur les Tuyaux Capillaires, par le Pere
Gerdil. *Paris*, 1754, *in-*12.

321 Réflexions fur la caufe générale des Vents,   4 · 2
par **Dalembert**. *Paris*, 1747, *in-*4.

322 Traité de Dynamique, par le même. *Paris*,   4
1758, *in-*4.

323 Recherches fur différens points du fyftême du   3
Monde, par le même. *Paris*, 1756, *in-*4.

324 Differtation fur la Glace, par **Dortous de**   4
Mairan. *Paris*, 1749, *in-*12.

325 Œuvres de **Geraud de Cordemoy**. *Paris*,
1704, *in-*4.

326 Differtations littéraires & philofophiques fur   3
les agrémens du Langage, &c. par de **Gama-**
ches. *Paris*, 1755, *in-*12.

327 Recueil de pieces qui ont remporté le prix   8 · 5
à l'Académie de Bordeaux depuis 1715,
jufqu'en 1739. *Bordeaux*, 1715, 6 *vol.*
in--12.
Autre Recueil depuis 1741, jufqu'en 1748.
Bordeaux, 1741, *in-*4.

HISTOIRE NATURELLE.

328 Plinii *Secundi* Hiftoria Naturalis, cum notis   9 · 6
Joan. Harduini ad ufum Delphini. *Parifiis*,
1685, 5 *vol. in-*4.

329 Hiftoire naturelle, générale & particuliere,   152 · 1
par de **Buffon** & **d'Aubenton**. *Paris*, 13 *vol.*
*in-*4. *manquent les tomes* III. & IV.

330 Lettres à un Amériquain fur l'Hiftoire Natu-   10
relle de de **Buffon**. *Hambourg*, (*Paris*,) 1751,
9 *vol. in-*12.

331 Bibliotheque de Phyfique & d'Hift. Naturelle,   5 · 5

par l'Abbé Lambert. *Paris*, 1758, 5 *vol. in-12. br.*

1 · 10 332 Observations sur l'Histoire Naturelle, la Physique, &c. par Gautier. *Paris*, 1752, *in-4. br.*

27 333 Le Spectacle de la Nature, par Peluche.
Paris, 1739, 9 *vol. in-12. fig.*

100 · 17 334 Mémoires pour servir à l'histoire des Insectes,
par de Réaumur. *Paris*, 1734, 6 *vol. in-4. fig.*

11 · 16 335 Rei rusticæ autores latini veteres, scilicet Cato,
Columella, Varro & Palladius. 1595, *in-8.*

7 · 4 336 L'art de faire éclore & d'élever en toute saison
des Oiseaux domestiques, par de Réaumur. *Paris*,
1749, 2 *vol. in-12.*

2 · 7 337 Observations sur l'origine & la formation des
Pierres figurées, par Pierre Barrer. *Paris*, 1746,
in-8.

1 · 14 338 Introduction à la Minéralogie, ouvrage post-
hume de Henckel, traduit de l'allemand. *Paris*,
1756, 2 *vol. in-12.*

13 339 L'art de convertir le Fer forgé en Acier, par
de Réaumur. *Paris*, 1722, *in-4. fig.*

MÉDECINE. CHIRURGIE.

1 · 16 340 Hippocratis Aphorismi gr. lat. edente Carolo
Lorry. *Parisiis*, 1759, *in-12.*

5 341 Les Œuvres d'Hippocrate traduites en franç.
avec des remarques, par André Dacier. *Paris*,
1697, 2 *vol. in-12.*

1 · 7 342 Elémens de Physiologie, composés en faveur
de ceux qui commencent à étudier en Médecine.
Paris, 1756, *in-12.*

6 · 8 343 Traité des Maladies les plus fréquentes & des
Remedes propres à les guerir, par Helvetius.
Paris, 1724, 2 *vol. in-8.*

344 Obſervations ſur les différentes eſpéces de Fievres, & principalement ſur les Fievres putrides, malignes, &c. *Beſançon*, *in-12*.

345 Traité des Fievres continues, par Queſnay. *Paris*, 1753, 2 *vol. in-12*.

346 Traité des Maladies des Femmes, par Aſtruc. *Paris*, 1761, 4 *vol. in-12. br.*

347 Eſſai ſur l'éducation médicinale des Enfans, & ſur leurs Maladies, par Brouzet. *Paris*, 1754, 2 *vol. in 12*.

348 Joan. Aſtruc Opus de morbis venereis. *Pariſiis*. 1740, 2 *vol. in-4*.

349 Eſſai ſur l'Hydrophobie, traduit de l'ànglois de Chriſt. Nugent, avec une diſſertation ſur la Chaux vive & ſur l'eau de Chaux, par Ch. Alſton. *Paris*, 1754, *in-12*.

350 Obſervations ſur la Colique de Poitou, par Combaluſier. *Paris*, 1761, *in-12*.

351 Traité de la Gangrenne, par Queſnay. *Paris*, 1749, *in-12*.

352 Diſſertation ſur les Eaux de Bourbonne, par Charles. *Beſançon*, 1749, *in-12*.

353 Queſtiones Medicæ, circa thermas Borbonienſes, circa acidulas Buſſanas, & circa fontes medicatos Plumbariæ. *Veſuntione*, 1721, 1738, & 1746, 3 *vol. in-8*.

354 Traité hiſtorique des Eaux & Bains de Plombieres, de Bourbonne, de Luxeuil & de Bains, par D. Calmet. *Nanci*, 1748, *in-8*.

355 Eſſai ſur la maniere de prendre les Eaux de Plombieres. *Remiremont*, 1748, *in-12*.

356 Obſervations de Phyſique & d'Hiſtoire naturelle ſur les eaux de Dax, de Bagneres & de Barege, par de Secondat. *Paris*, 1750, *in-12*.

357 Analyſe des Eaux de la fontaine du Bas Selter dans l'Archevêché de Treves, traduite de l'allemand de Fred. Hoffman, par Theod. Leveling. *Nancy*, 1738, *in-12.*

358 Analyſe des Eaux de Forges, par Pierre Ant. Marteau. *Paris*, 1756, *in-12.*

359 Examen impartial des Conteſtations des Médecins & des Chirurgiens. 1748, *in-12.*

360 Nouveau recueil de ſecrets & de curioſités, les plus rares effets de la nature, avec la guériſon de toutes les maladies, recueilli par Lemery. *Amſt.* 1709. 2 *vol. in* 12.

361 La grant Cyrurgie de Maiſtre Alenfran, du la Cité de Milan, Docteur en Médecine. *Mſſ. in-fol. gothique.*

362 Principes de Chirurgie, par de la Faye. *Paris*, 1757, *in-12.*

363 Traité des Plaies d'armes à feu, par Deſport. *Paris*, 1749, *in-12.*

MATHÉMATIQUES ET GÉOMÉTRIE.

364 Dictionnaire Mathématique, par Ozanam. *Paris*, 1691, *in-4.*

365 Les Elémens d'Euclide expliqués par Ozanam. *Paris*, 1711, *in-8.*

366 Elémens de Géométrie d'Euclide réduits à l'eſſentiel de ſes principes, par Freard du Caſtel. *Paris*, 1740, *in-12.*

367 Elémens de Géométrie, par de Malézieu. *Paris*, 1705, *in-4.*

368 Géométrie métaphyſique, par l'Abbé Foucher. *Paris*, 1758, *in-8.*

369 Traité de Géométrie théorique & pratique à

l'ufage des Artiftes, par Sébaftien le Clerc, avec les figures deffinées & gravées par Ch. Nic. Cochin. *Paris*, 1744, *in-8*.

370 Application de l'Algebre à la Géométrie, par Guifnée. *Paris*, 1705, *in-4*.

371 Analyfe des infiniment Petits, par le Marquis de l'Hôpital. *Paris*, 1696, *in-4*.

372 Effai fur la différence du nombre des Hommes, traduit de l'anglois de R. Walace, par de Joncourt. *Londres*, 1754, *in-8*.

373 Tables des Sinus, Tangentes & Sécantes, par Vlacq. *Paris*, 1699, *in-8*.

374 Effai d'une nouvelle théorie de la réfiftance des Fluides, par Dalembert. *Paris*, 1752, *in-4*.

ASTRONOMIE.

375 Manilii Aftronomicon, cum notis Mich. Fayi, & animadverfionibus Petri Danielis Hueti, ad ufum Delphini. *Parifiis*, 1679, *in-4*.

376 Difcours fur les différentes figures des Aftres, par de Maupertuis. *Paris*, 1732, *in-8*.

377 Le même Difcours, deuxiéme édition augmentée. *Paris*, 1742, *in-8*.

378 Aftronomie Nautique, ou élémens d'Aftronomie, par le même. *Paris*, 1743, *in 8*.

379 Penfées diverfes à l'occafion de la Comete qui parut au mois de Décembre 1680, par Pierre Bayle. *Rotterdam*, 1704, 4 *vol. in-12*.

380 Phyfique des Cometes, par le P. Bertier de l'Oratoire. *Paris*, 1760, *in-12. br*.

381 Traité phyfique & hiftorique de l'Aurore Boréale, par de Mairan. *Paris*, 1754, *in-4*.

382 Recherches fur la préceffion des Equinoxes

& ſur la mutation de l'axe de la Terre, dans le ſyſtême Newtonien, par Dalembert. *Paris*, 1749, *in-4.*

A R T S.

Peinture, Gravure, Architecture.

1. 6 383 Recueil de M. de la Fond de Ste. Yene contenant l'ombre du grand Colbert, le Louvre & la Ville de Paris, &c. 1752, *in-12.*

1 384 Recueil de pieces concernant les Arts, par Cochin. *Paris,* 1757, *in-12.*

1. 10 385 L'Eſprit des Beaux Arts, par Eſteve. *Paris,* 1753, 2 *vol. in-12.*

4. 5 386 Alphabetum Tironianum, ſeu notas Tironis explicandi methodum, autore D. Carpentier. *Pariſiis,* 1747, *in fol.*

387 Catalogue raiſonné de diverſes curioſités du Cabinet de M. Quentin de Lorangere, par Gerſaint. *Paris,* 1744, *in 12.*

388 Catalogue raiſonné des effets contenus dans le Cabinet du Chevalier de la Roque, par Gerſaint. *Paris.* 1745, *in-12.*

2. 9 389 Catalogue d'une collection de Tableaux, par Gerſaint. *Paris,* 1749, *in-12.*

390 Catalogue raiſonné des bijoux, bronzes, lacqs, de la ſucceſſion de M. Angran de Fonſpertuis, par Gerſaint. *Paris,* 1747, *in-12.*

391 Deſcription ſommaire des ſtatues, figures, buſtes, vaſes & autres morceaux de ſculpture du Cabinet de M. Crozat. *Paris,* 1750, *in-8.*

392 Réflexions critiques ſur les différentes Ecoles de Peinture. *Paris,* 1752, *in-12.*

393 Dictionnaire abrégé de Peinture & d'Archi- 1 - 10
tecture. *Paris*, 1746, 2 *vol. in*-12.

394 Tableaux tirés d'Homere & de Virgile. *Paris*, 2 - 19
1757, *in*-8.

395 Voyage Pittoresque de Paris, par Dargen- 2 - 17
ville. *Paris*, 1752, *in*-12.

396 Dictionnaire Etymologique des termes d'Architecture, avec l'explication des pierres pré- 2 - 1
cieuses, par Gatelier. *Paris*, 1753, *in*-12.

397 Examen d'un Essai sur l'Architecture, par 1 - 5
de la Font de S. Yenne. *Paris*, 1753, *in*-12.

398 Paquet de Pieces sur la Peinture & l'Archi- 1
tecture, *brochées*.

Musique.

399 Démonstration du principe de l'Harmonie,
par Rameau. *Paris*, 1750, *in*-8.

400 Dialogue sur la Musique des anciens, par 1 - 10
l'Abbé de Chateauneuf. *Paris*, 1725, *in*-12.

401 De la corruption du goût dans la Musique 1
françoise, par Bollioud de Mermet. *Lyon*, 1746,
in-12.

402 Le Prince de Noisi, Ballet héroïque, pa- 3
roles de la Bruere, musique de Rebel & Fran-
cœur. *in-fol. oblong. gravé.*

403 Silvie, Opéra, paroles de Laujon, musique 5
de Trial & Berton. *in-fol. gravé.*

404 Paquet de petites pieces fugitives sur l'Opéra 1 - 12
& la Musique. *in*-8. & *in*-12.

Art Militaire.

405 Institutions Militaires, traduites de Vegece, 1
avec des remarques. *Paris*, 1743, *in*-12.

avec 413 406 Gabr. Naudæi Syntagma de studio militari. *Romæ*, 1637, *in-4.*

3 . 4 407 Elémens de l'Art Militaire, par d'Hericourt. *La Haye*, 1739, 2 *vol. in-12.*

408 Amufemens Militaires, par Dupain. *Paris*, 1757, *in-8.*

6 409 Détails Militaires, par de Chennevieres. *Paris*, 1750, 4 *vol. in-12.*

5 . 15 410 Effai fur la Cavalerie, tant ancienne que moderne, par Dauthuille. *Paris*, 1756, *in-4.*

7 . 18 411 De l'attaque & de la défenfe des Places, par de Vauban. *La Haye*, 1737, *in-4. fig.*

7 . 6 412 Mémoires d'Artillerie, recueillis par Surirey de S. Remy. *Paris*, 1697 & 1707, 2 *vol. in-4. fig.*

2 . 8 413 Dictionnaire Militaire. *Paris*, 1743, *in-12.*

414 Traité des Evolutions Militaires, par de Bombelles. *Paris*, 1754, *in-12. fig.*

2 415 Extrait de la cinquieme partie de l'Art de la Guerre de Puyfégur, par le Baron de Travers. *Paris*, 1752, *in-12. fig.*

416 Inftitutions Militaires pour la Cavalerie & les Dragons, par de la Porterie. *Paris*, 1754, *in-8. fig.*

3 . 14 417 Bibliothéque Militaire hiftorique & politique. *Paris*, 1760, 3 *vol. in-12.*

418 Réflexions fur la Milice. 1760, *in-12.*

3 . 8 419 Traité des Feux d'Artifice pour le fpectacle & pour la guerre, par Perrinet Dorval. *Berne*, 1750, *in-8. fig.*

1 . 18 420 Confidérations fur les révolutions des Arts, par Mehegan. *Paris*, 1755, *in-12.*

421 Progrès des Allemands dans les fciences, les belles - lettres & les arts, par Bielfeld. *Amft.* 1752, *in-12.*

Arts différens.

422 Regle artificielle du Tems, traité de la division du tems, des horloges & des montres, par Sully, avec des remarques de Leibnitz. *Paris, 1717, in-8.*

423 Essai d'analyse sur les Jeux de hazard, par Remond de Montmort. *Paris, 1708, in-4.*

424 Essai sur le jeu des Echecs, par Philippe Stamma. *Paris, 1737, in-12.*

BELLES-LETTRES.

INTRODUCTION A LA GRAMMAIRE.

425 THÉORIE nouvelle de la Parole & des Langues, par Leblanc. *Paris*, 1750, *in-12*.

426 La Méchanique des Langues, & l'art de les enseigner, par Peluche. *Paris*, 1751, *in-12*.

427 Traité général du Stile, avec un traité particulier du stile épistolaire. *Amst.* 1751, *in-8*.

428 Traité de la Diction, par Esteve. *Paris*, 1755, *in-12*.

GRAMMAIRIENS.

Grammairiens Grecs.

429 Nouvelle Méthode pour apprendre la Langue Grecque, par Cl. Lancelot. *Paris*, 1696, *in-8*.

430 Le Jardin des Racines Grecques, par Lancelot. *Paris*, 1664, *in-12*.

431 Desiderii Erasmi de recta latini græcique sermonis pronuntiatione. *Lugd. Bat.* 1643, *in-12*.

432 Suidæ Lexicon gr. lat. cum notis Æmilii Porti. *Coloniæ Allobrogum*, 1619, 2 *vol. in-fol*.

433 Lexicon Græco-Latinum, autore Joan. Scapula. *Basileæ*, 1580, *in-fol*.

434 Lexicon Græco-Latinum, autore Georgio Pasore. *Herbornæ*, 1663, *in-8*.

435 Lexicon Græco-Latinum. 1583, *in-4*.

436 Novus Apparatus græco-latinus, cum interpretatione gallica ex Isocrate, Demosthene aliisque autoribus concinnatus. *Parisi.* 1681, *in*

437 Mellificium Atticum, autore Dan. Pareo.
Francofurti, 1627, in-4.

Grammairiens Latins.

438 Sexti Pompei Festi de verborum significatione
fragmentum, ex vetust. exempl. bibl. Farnef.
descriptum. *Romæ*, 1581, *in-8.*

439 Sexti Pompei Festi & M. Verrii Flacci de
verborum significatione libri xx. cum interpretatione & notis Andræ Dacerii, ad usum Delphini. *Amst.* 1700, *in-4.*

440 Terentii Varronis, libri de lingua latina & de
re rustica, cum notis Jof. Scaligeri. 1581, *in-8.*

441 Gafp. Scioppii Grammatica Philofophica,
five institutiones grammaticæ latinæ, à Petro
Servenio aucta. *Amst.* 1664, *in-8.*

442 Exposition d'une Méthode raifonnée pour
apprendre la langue Latine, par Dumarfais.
Paris, 1722, *in-8.*

443 Cours de Latinité, précédé d'un difcours fur
l'Éducation, par Vaniere. *Paris*, 1759, *in-8.*

444 Car. Stephani Dictionnarium Latino-Galli-
cum. *Parifiis*, 1552, *in-fol.*

445 Ambrofii Calepini Dictionarium octo lin-
gue, cum additionibus Joan. Pafferatii. *Lugduni.*
1681, 2 *vol. in-fol.*

446 Novitius, feu Dictionnarium Latino Gallicum.
autore Magnez. *Parifiis*, 1721, 2 *vol. in-4.*

447 Synonymorum Apparatus, autore Franç.
Serra. *Venetiis*, 1654, *in-4.*

448 Jof. Laurentii Amalthea Onomaftica. *Lugd.*
1664, *in-fol.*

449 Gloffarium ad fcriptores mediæ & infimæ lati-

nitatis , autore Carolo du Fresne du Cange.
Parisiis , 1733 , 6 vol. in-fol.

450 Vocabulaire Universel , Latin-François , par
Chompré. Paris , 1754 , in-8.

Grammairiens François.

451 Projet du livre intitulé de la précellence du
Langage François , par Henri Etienne. Paris ,
1579. Dans le même volume. Traité de la con-
formité du Langage François avec le Grec , par
le même Henri Etienne. Paris , 1569 , in-8.

452 Les vrais principes de la Langue Françoise ,
par l'Abbé Girard. Paris , 1747 , 2 vol.
in-12.

453 Essai sur une introduction à l'étude des Langues Françoise & Italienne , par Barletti de S.
Paul. Paris , 1757 , in-12.

454 Projet pour perfectionner l'Orthographe des
Langues de l'Europe , par l'Abbé de S. Pierre.
Paris , 1730 , in-8.

455 Traité de l'Orthographe Françoise en forme
de Dictionnaire , par le Roy. Poitiers , 1739 ,
in-8.

456 Traité de la Prosodie Françoise , par l'Abbé
d'Olivet. Paris , 1736. Dans le même volume.
Remarques de Grammaire sur Racine , par le
même. Paris , 1738 , in-12.

457 Les Origines de la Langue Françoise , par
Gilles Menage. Paris , 1650 , in-4.

458 Observaions du même sur la Langue Françoise. Paris , 1675 , 2 vol. in-12.

459 Remarques sur la Langue Françoise , par de
Vaugelas. Paris , 1655 , in-4.

460 Les mêmes, avec des notes de Thomas Cor- 1 · 10
neille. *Paris*, 1687, 2 *vol. in-12.*

461 Remarques nouvelles fur la Langue Françoife, par le Pere Dominique Bouhours. *Paris,*
1675, *in-12.*

462 Doutes fur la Langue Françoife, par le même.
Paris, 1674, *in-12.*   1 · 10

463 Opufcules fur la Langue Françoife par divers
Académiciens. *Paris*, 1754, *in-12.*

464 Des Tropes, ou des différens fens dans lef- 3 · 3
quels on peut prendre un même mot, par du
Marfais. *Paris*, 1730, *in-2.*

465 Synonymes François, par l'Abbé Girard. 2
Paris, 1736, *in-18.*

466 Des Mots à la mode & des nouvelles façons
de parler. Du bon & du mauvais ufage dans les 1
manieres de s'exprimer, par de Callieres. *Paris,*
1693, 2 *vol. in-12.*

467 Tréfor de la Langue Françoife, par Jean 1 · 18
Nicot. *Paris*, 1606, *in-fol.*

468 Tréfor des recherches & antiquités gauloifes
& françoifes, par P. Borel. *Paris*, 1655, *in-4.*

469 Dictionnaire général & curieux de la Langue
Françoife, par Céfar de Rochefort. *Lyon,* 1 · 10
1685, *in-fol.*

470 Effais d'un Diction. univerfel —Trois Factums
& le Poëme des Couches de l'Académie, par 1
Ant. Furetiere. *Amft.*, 1685, *in-12.*

471 Dictionnaire Univerfel, par Ant. Furetiere, 6
augmenté par Bafnage de Bauval. *La Haye,*
1701, 3 *vol. in-fol.*

472 Dictionnaire univerfel François & Latin, 40
avec le Supplément. *Trevoux*, 1721 & 1752,
6 *vol. in-fol.*

473 Nouveau Dictionnaire François, par Pierre Richelet. *Cologne*, 1695, *in-4.*

474 Le Dictionnaire des Arts & des Sciences, par Thomas Corneille. *Paris*, 1694, 2 *vol. in-fol.*

475 Nouveau Dictionnaire universel des Arts & des Sciences, françois, latin & anglois, trad. de l'anglois de Thomas Dyche. *Avignon*, 1756, 2 *vol. in-4.*

476 Le Dictionnaire de l'Académie Françoise. *Paris*, 1694, 2 *vol. in fol.*

477 Le même. *Paris*, 1740, 2 *vol. in-fol.*

478 Le grand Dictionnaire François & Latin, par Pierre Danet. *Lyon*, 1721, *in-4.*

479 Dictionnaire comique, satyrique, burlesque & proverbial, par Philibert le Roux. *Lyon*, 1735, *in-8.*

480 Dictionnaire de la Langue Bretonne de D. Louis le Pelletier, donné par D. Taillandier. *Paris*, 1752, *in-fol.*

Grammairiens Italiens, Espagnols & Anglois.

481 Nouvelle méthode pour apprendre la Langue Italienne, par Cl. Lancelot. *Paris*, 1664, *in 12.*

482 Dittionario, italiano & francese da Natan. Duez. *Genova*, 1678, *in 8.*

483 Dictionnaire italien & françois, & françois & italien, par Veneroni. *Paris*, 1710, *in-4.*

484 Diction. italien, latin & françois, par l'Abbé Antonini. *Paris*, 1735, *in-4.*

485 Nouvelle Méthode pour apprendre la Langue Espagnole, par de Trigny. *Paris*, 1665, *in-12.*

486 Dictionnaire espagnol & françois, & françois & espagnol, par Fr. Sobrino. *Bruxelles*, 1734, 2 *vol. in-4.*

487 Grammaire Françoise, en anglois & en françois, par Cl. Mauger. *Londres*, 1662, *in-8*.

488 Dictionnaire Royal françois & anglois, & anglois & françois, par Boyer. *Amst.* 1727, *2 tom.
en 1 vol. in-4*.

RHETEURS ET ORATEURS.

Rheteurs & Orateurs Grecs.

489 Principes pour la lecture des Orateurs. *Paris,*   3 · 19
1753. *3 vol. in-12*.

490 L'Art Oratoire réduit en exemples, par de   2 · 9
Benat. *Amst.* (*Paris*) 1760, *4 vol. in-12 br.*

491 La Rhetorique d'Aristote, traduite du grec
par Caffandre. *Amst.* 1698, *in-12*.
                                                        2 · 3
492 La Rhetorique, ou les Régles de l'Eloquence,
par Gibert. *Paris,* 1749, *in-12*.

493 Philippiques de Demofthène, traduites du   2 · 12
grec par de Tourreil. *Paris,* 1701, *in-4*.

494 Philippiques de Demofthène & Catilinaires de   1 · 19
Ciceron, trad. par l'Abbé d'Olivet, avec les
Remarques de M. le Prefident Bouhier. *Paris,*
1736, *in-12*.

495 Vies des Anciens Orateurs grecs. *Paris,* 1752,   1 · 16
2 vol. in-12.

Rheteurs & Orateurs Latins.

496 M. Tullii Ciceronis Opera. *Lugd. Bat. Elzevir,*   35 · 19
1642, *10 vol. in-12*.

497 M. Tullii Ciceronis Opera omnia ex editione Dion. Lambini & cum notis & indice Dion.   1 · 16
Gothofredi. *Genevæ,* 1660, *in-4*.

498 M. Tullii Ciceronis Opera cum delectu com-   120
mentariorum ex editione Jof. Oliveti. *Parifiis,*
1740, *9 vol. in-4*.

499 Traduction du Traité de l'Orateur, par Colin. *Paris*, 1737, *in-12.*

500 Ciceronis Orationes cum interpretatione & notis Caroli de Merouville, ad usum Delphini. *Parisiis*, 1684, 3 *vol. in-4.*

501 Ciceronis Epistolæ ad familiares cum interpretatione & notis Phil. Quartier, ad usum Delphini. *Parisiis*, 1685, *in-4.*

502 Les Lettres de Ciceron à ses amis, traduites en françois, le latin à côté, avec des notes. *Paris*, 1725, 4 *vol. in-12.*

503 Lettres de Ciceron à Atticus, traduites avec le texte latin à côté, par l'Abbé de Mongault. *Paris*, 1714, 6 *vol. in-12.*

504 Les deux premiers Livres des Lettres de Ciceron à Atticus, traduits par l'Abbé de St. Real. *Paris*, 1691, 2 *vol. in* 12.

505 Tusculanes de Ciceron, traduites, avec des Remarques, par Bouhier & d'Olivet. *Paris*, 1737, 3 *vol. in-12.*

506 Remarques sur Ciceron, par le Président Bouhier. *Paris*, 1746, *in-12.*

507 Cicero de Amicitia ex recensione Grævii. *Parisiis, Coutellier*, 1749, *in-32.*

508 Pensées de Ciceron, trad. en françois par l'Abbé d'Olivet. *Paris*, 1764, *in-12.*

509 Histoire des quatre Ciceron, par Massé. *Paris*, 1714, *in-12.*

510 Histoire de Ciceron, trad. de l'anglois de Middleton, par l'Abbé Prevost. *Paris*, 1743 & 1744, 5 *vol. in-12.*

511 M. Fabii Quintiliani institutionum Oratoriarum, libri XII, cum notis variorum. *Lugd. Bat.* 1665, 2 *vol. in-8.*

512 Quintilien de l'inftitution de l'Orateur, trad. 4.19
par l'Abbé Gedoyn. *Paris*, 1718, *in*-4.

513 Panegyrici Veteres, cum interprétatione &
notis, Jacobi de la Baune, ad ufum Delphini. 8.19
Parifiis, 1676, *in*-4.

514 Panegyrique de Trajan, par Pline II, traduit
par l'Abbé Efprit. *Paris*, 1677, *in*-12.

515 Conciones & Orationes, ex hiftoricis latinis,
excerptæ. *Amftelodami Elzevir*, 1662, *in*-12. 16

Rheteurs & Orateurs François, &c.

516 Introduction à la Rhetorique, par Brulon de
St. Remy. *Joinville*, 1729, *in*-12.

517 Réflexions fur l'éloquence. *Paris*, 1700, *in*-12. 1.4

518 Effai fur les bienféances oratoires, par l'Abbé
Mallet. *Paris*, 1753, 2 *vol. in*-12. 1.15

519 Harangues fur toutes fortes de fujets, avec
l'art de les compofer, par de Vaumoriere. *Paris*,
1696, 4 *vol. in*-12. 1.19

520 Panégyriques & autres Sermons, par Efprit
Flechier. *Paris*, 1697, 2 *vol. in*-12. 6

521 Recueil des harangues prononcées par Mef-
fieurs de l'Académie Françoife. *Paris*, 1698, 2
in-4.

522 Difcours & autres ouvrages de M. le Chancelier d'Aguefleau. *Amft.* (*Paris*) 1756, 2 *tom.* 3.10
en 1 *vol. in*-8.

523 Œuvres de M. le Chancelier d'Aguefleau. *Pa-*
ris, 1759, 4 *vol. in*-4. 3

524 Panégyrique de Louis XV, par de Voltaire,
avec les traductions Lat. Ital. Efpagn. & Angl. 1.5
(*Paris*) 1749, *in*-8.

525 Un paquet de Difcours Académiques, Panégyriques & Oraifons funébres, *in*-4. *br.* 4.10

POETES.

Introduction à la Poësie. Mythologie.

526 Apollodori Athen. bibliotheces, sive de Diis
libri III. gr. lat. cum notis Tanaq. Fabri. *Salmurii,*
1661, *in-8.*

527 Natalis Comitis Mythologia. *Venetiis,* 1581,
in-4.

528 Mythologie ou explication des Fables, par
J. Baudoin. *Paris,* 1627, *in-fol.*

529 La Mythologie, ou les Fables expliquées par
l'Histoire, par l'Abbé Banier. *Paris,* 1738, 3
vol. in-4.

530 Pantheum Mythicum a Francisco Pomey. *Ul-*
trajecti, 1697, *in-12. fig.*

531 Dictionnaire abregé de la Fable, par Chompré. *Paris,* 1727, *in-12.*

532 Dictionnaire de Mythologie pour l'intelligence
des Poëtes, de l'histoire fabuleuse, &c. par
l'Abbé de Claustre. *Paris,* 1745, 3 *vol. in-12.*

Traités de la Poësie & des Poëtes.

533 La Poëtique d'Aristote, traduite en françois,
avec des Remarques, par André Dacier. *Paris,*
1602, *in-4.*

534 Ger. Joan. Vossii liber de Artis Poeticæ natura ac constitutione. *Amst. Elzevir,* 1647, *in-4.*

535 Ejusdem de veterum Poetarum temporibus libri duo. *Amst.* 1654, *in-4.*

536 Reflexions critiques sur la Poësie & sur la
Peinture, par Dubos. *Paris,* 1740, 3 *vol. in-12.*

Poëtes Grecs.

537 Le Théatre des Grecs, par Pierre Brumoy.
Paris, 1730, 3 *vol. in-4.*

538 Iliade d'Homere, traduite en françois avec des remarques, par Madame Dacier. *Paris, 1711, 3 vol. in-12.*

539 Dissertation critique sur l'Iliade d'Homere, par l'Abbé Terrasson. *Paris, 1715, 2 vol. in-12.*

540 Clavis Homerica, sive Lexicon vocabulorum quæ in Iliade nec non Odyssea continentur. *Roterodami, 1655, in-8.*

541 Eloge historique & critique d'Homere, trad. de l'anglois de Pope. *Paris, 1749, in-12.*

542 Pindari Opera gr. lat., ex recognitione Henrici Stephani. *Parisiis, 1566, in-12.*

543 Sophoclis Tragœdie VII. græce & latine, ex versione Viti Winsemii, & cum notis Guil. Canteri. *Heidelbergæ, 1597, in-8.*

544 Tragédies de Sophocle, trad. par Dupuy. *Paris, 1762, in-4.*

545 Theocriti, Moschi & Bionis Idyllia, cum observationibus Hen. Stephani. *Parisiis, 1579, in-12.*

546 Comicorum græcorum & comicorum latinorum Sententiæ, latinis versibus redditæ, cum notis Hen. Stephani. *Parisiis, 1569, in-12.*

Poëtes Latins. Poëtes Latins Anciens.

547 Connoissance des Poëtes les plus célèbres, contenant la vie de chaque Poëte, les morceaux les plus estimés, avec la traduction. *Paris, 1752, 2 vol. in-12.*

548 Plauti Comœdiæ, cum notis variorum, ex musæo Zuerii Boxhornii. *Lugd. Bat. 1635, in-8.*

549 Plauti Comœdiæ, cum notis Jac. Operarii, ad usum Delphini. *Parisiis, 1679, 2 vol. in-4.*

550 Six Comédies de Plaute, traduites en françois, avec des remarques, par Anne le Fevre. *Paris,* 1683, 3 *vol. in-12.*

551 Œuvres de Plaute, trad. par de Liniers. *Amst.* 1719, 10 *vol. in-12. fig.*

552 Terentii Comœdiæ, cum notis variorum, curante Cornelio Schrevelio. *Lugd. Bat.* 1657. *in-8.*

553 Terentii Comœdiæ, cum notis Nicolai Camus, ad usum Delphini. *Parisiis,* 1675, *in-4.*

554 Terentii Comœdiæ lex. *Londini, Brindley,* 1744, *in-12.*

555 Comédies de Térence traduites, & avec les remarques de Madame Dacier. *Paris,* 1688, 3 *vol. in-12.*

556 Titi Lucretii Cari de rerum natura libri VI. cum notis Mich. Fayi, ad usum Delphini. *Paris,* 1680, *in-4.*

557 Idem Lucretius. *Parisiis, Coutelier,* 1744, *in-12.*

558 Les Œuvres de Lucrece, traduites avec des remarques par le Baron des Coutures. *Paris,* 1692, 2 *vol. in-8.*

559 Les mêmes Œuvres de Lucrece, traduction nouvelle, (par la Grange.) *Paris,* 1767, 2 *vol. in-8. fig.*

560 Anti-Lucretius, sive de Deo & Natura, libri IX. opus posthumum Melch. de Polignac. *Parisiis,* 1747, *in-8.*

561 L'Anti-Lucrece, poëme traduit du latin du Cardinal de Polignac, par de Bougainville. *Paris,* 1749, 2 *vol. in-8.*

562 Virgilii Opera, ex editione & cum animadversionibus Nic. Heinsii. *Amst.* 1671, *in-12.*

563 Virgilii Opera, cum notis Caroli Ruæi, ad usum Delphini. *Parisiis, 1675, in-4.*   7 · 16

564 Virgilii Opera, cum notis variorum, edente Joan. Fred. Gronovio. *Lugd. Bat. 1680, 3 vol. in-8.*   22 · 19

565 Virgilii Opera. *Londini, Brindley, 1744, in-12.*   2 · 8

566 Les Œuvres de Virgile traduites en françois, avec le texte à côté & des remarques, par l'Abbé Guyot des Fontaines. *Paris, 1743, 4 vol. in-8.*   6 · 12

567 Nouv. Traduction des Bucoliques de Virgile, avec des notes. *Paris, 1691, in-12.*   12

568 Oſſervationi d'Oratio Toſcanella s'opra l'Opera di Virgilio. *In Vinegia, 1567, in-8. d. ſ. t.*   2 · 6

569 Alex. Roſæi Virgilii evangeliſantis Chriſtiados libri XIII. *Londini, 1638, in-8.*   12

570 Catulli, Tibulli & Propertii Opera, cum notis Phil. Servii, ad uſum Delphini. *Paris, 1685, in-4.*   23 · 19

571 Albi Tibulli quæ extant ad fidem veterum membranorum caſtigata cum variantibus lectionibus, & notis Nic. Heinſii & Joani Douſæ. *Amſt. 1708, in 4.*   1 · 10

572 Catullus, Tibullus & Propertius emendati. *Lugd. Bat. 1743, in-12.*   4 · 12

573 La vie & les amours de Tibulle & de Sulpicie Dame romaine, par Gillet de Moyvre. *Paris, 1743, 2 tomes en 1 vol. in-12.*   3 · 1

574 Horatii Flacci Opera, cum notis Dan. Heinſii. *Lugd. Bat. 1629, 2 vol. in-12.*   7 · 19

575 Horatii Flacci Opera, cum notis Lud. Deſprez, ad uſum Delphini. *Paris, 1691, 2 vol. in-4.*   28

576 Horatii Flacci Opera. *Londini, Brindley, 1744, in-12.*   2

577 Eadem Horatii Opera, edente Steph. Andr. Philippe. *Parisiis, Coutelier,* 1740, *in-12.*

578 Œuvres d'Horace en latin & en françois, de la traduction & avec les remarques d'And. Dacier. *Paris,* 1681, — 1689, 10 *vol. in-12.*

579 Les Poësies d'Horace trad. en françois avec le latin à côté, par le Batteux. *Paris,* 1750, 2 *vol. in-12.*

580 Les Œuvres d'Horace traduites avec des remarques, par le P. Sanadon. *Amst.,* (*Paris,*) 1756, 8 *vol. in-12.*

581 Traduction des Œuvres d'Horace en vers françois, *Paris,* 1752, 5 *vol. in-12.*

582 Publii Ovidii Nasonis Opera, ex recensione Nic. Heinsii, cum notis variorum, accurante Corn. Schrevelio. *Lugd. Bat.* 1662, 3 *vol. in-8.*

583 Ovidii Opera, ex editione Nic. Heinsii. *Amst.* 1735, 3 *vol. in-16.*

584 Les Métamorphoses d'Ovide trad. en françois par P. du Ryer. *Paris,* 1660, *in-fol.*

585 Métamorphoses d'Ovide traduites par l'Abbé de Bellegarde. *Paris,* 1701, 2 *vol. in-8. fig.*

586 Epîtres d'Ovide traduites en vers françois, par de Meziriac. *Bourg en Bresse,* 1626, *in-8.*

587 Les Epîtres & Elégies d'Ovide traduites en vers françois. *La Haye,* 1692, *in-12.*

588 Phædri Fabulæ, cum notis P. Danetii, ad usum Delphini. *Parisiis,* 1675, *in-4.*

589 Phædri Fabulæ, cum notis Joan. Schefferi, ad usum Principis Nassavii, per Dav. Hoogstratanum. *Amst.* 1701, *in-4. fig.*

590 Phædri Fabulæ Æsopicæ, ex editione Mich. Maittaire. *Londini,* 1713, *in-12.*

591 Phædri Fabulæ, cum ejus vita, à Joan. Scheffero.

Scheffero. Accedunt Flavii Aviani Fabulæ, &
Publii Syri Sententiæ. *Parisiis. Coutellier*, 1742,
in-12.

592 L. Annæi Senecæ Tragœdiæ & Poemata, cum
notis variorum, ex recensione Joan. Fred. Gro-
novii. *Amst.* 1662, *in-8.*   6

593 C. Pedonis Albinovani Elegiæ tres & fragmen-
ta, cum notis variorum. *Amst.* 1703, *in-8.*   1 · 4

594 Annæus Lucanus de Bello Civili, cum notis
variorum; accurante Corn. Schrevelio. *Lugd.*
Bat. 1658, *in-8.*   1 · 10

595 Annæus Lucanus de Bello Civili, cum notis
Hug. Grotii & Richardi Bentleii, edente Rich.
Cumberland. 1760, *in-4.*   18 · 1

596 Juvenalis & Persii Satyræ, cum notis variorum, accurante Corn. Schrevelio. *Lugd. Bat.*
1664, *in-8.*   2 · 2

597 Juvenalis & Persii Satyræ, cum interpretatione
& notis Lud. Prataei, ad usum Delphini. *Paris*,
1684, *in-4.*   19

598 Juvenalis & Persii Satyræ. *Londini*, *Brindley*,
1744, *in-12.*   2 · 1

599 Les Pastorales de Nemesien & de Calpurnius
traduites en françois, avec des remarques.
Bruxelles, 1744, *in-8.*   1

600 Valerii Martialis Epigrammata, cum notis
Farnabii & variorum, edente Corn. Schrevelio.
Lugd. Bat. 1670, *in-8.*   9 · 15

601 Valerii Martialis Epigrammata, cum notis
Vinc. Collessonis, ad usum Delphini. *Parisiis*,
1680, *in-4.*   24

602 Florilegium Epigrammatum Martialis, Jos.
Scaliger vertit græcè. *Parisiis*, 1607.—Ejusdem   1 · 18

Scaligeri castigationes in Catullum , Tibullum , & Propertium. *Parisiis* , 1577 , *in-8.*

603 Cl. Claudiani Opera, cum notis Guill. Pyrrhonis , ad usum Delphini. *Parisiis* , 1677 , *in-4.*

604 Corpus omnium veterum Poetarum Latinorum. *Aureliæ Allobrogum* , 1611 , 2 *vol. in-4.*

605 Epigrammatum delectus ex omnibus Poetis decerptus , collectore P. Nicole. *Parisiis* , 1659 , *in-12.*

606 Traductions & imitations en vers, par le Président Bouhier. *Paris* , 1742 , *in-12.*

Poëtes Latins Modernes.

607 Georgii Buchanani Poemata. *Amstelodami* , 1687 , *in-12.*

608 Bern. Bauhusii & Balduini Cabillani Epigrammata. *Item* Car. Malapertii Poemata. *Antuerpiæ* , 1634 , *in-12.*

609 Sarcotis Carmen , autore Jac. Masenio , avec la version & des notes, par M. Dinouart. *Paris* , 1757 , *in-12.*

610 Cl. Quilleti Callipædia & Scævolæ Sammarthani Pedotrophia. *Londini* , 1709 , *in-8.*

611 Ægidii Menagii Poemata. *Parisiis* , 1680 , *in-12.*

612 Hymni Sacri , autore C. Coffin. *Parisiis* , 1736 , *in-12.*

613 Æsopiarum Fabularum libri v. autore des Billons. *Glascuæ* , 1754 , *in-12.*

614 Poetarum ex Academia Gallica qui latinè & græcè scripserunt Carmina. *Parisiis* , 1738 , *in-12.*

615 Poemata Didascalica nunc primum vel edita vel collecta. *Parisiis* , 1749 , 3 *vol. in-12.*

Poëtes François. Traités de la Poësie Françoise.

616 Histoire de la Poësie Françoise, avec une défense de la Poësie, par l'Abbé Massieu. *Paris,* 1739, *in-12.* | 1

617 Principes pour la lecture des Poëtes. *Paris,* 1745, 2 *vol. in-12.* | 2 · 10

618 Poëtique Françoise, par Marmontel. *Paris,* 1763, 3 *vol. in-8.* | 8 · 4

619 Poëtique Françoise à l'usage des Dames, par Gaillard. *Paris,* 1749, 2 *vol. in-12.* | 2

620 Dictionnaire des Rimes, par P. Richelet. *Paris,* 1702, *in-12.* | 1

Poëtes François en tout genre de Poësie.

621 L'Ordene de Chevalerie, avec quelques Contes anciens donnés par Barbazan. *Paris,* 1759, *in-8.* | 1 · 4

622 Le Roman de la Rose, commencé par Guil. de Lorris, & achevé par Jean Clopinel, dit de Meung, avec des notes & un glossaire, par l'Abbé Lenglet du Fresnoy. *Amst.,* 1735, 3 *vol. in-12.* | 16 · 10

623 Recueil des anciens Poëtes François réimprimés chez Coutellier, sçavoir, Œuvres de Villon, de Coquillart, de Martial de Paris, de Guill. Cretin, la Farce de Pathelin, la Legende de Pierre Faifeu, & les Œuvres de J. Marot. *Paris,* 1723, 8 *vol. in-8.* | 11 · 19

624 Œuvres de Clément Marot, de J. Marot son pere, & de Michel Marot son fils, avec des notes, par l'Abbé Lenglet du Fresnoy. *La Haye,* 1731, 6 *vol. in-12.* | 8 · 1

625 Œuvres Poëtiques d'Amadis Jamyn. *Paris,* 1579, *in*-12.

626 La Flamme d'Amour. *Rouen,* 1599, *in*-12.

627 Les Œuvres de Mathurin Regnier, contenant ses satyres & autres œuvres. *Amst.* 1710, *in*-12.

628 Œuvres de Théophile, contenant ses poësies & autres œuvres. *Paris,* 1661, *in*-12.

629 Les Œuvres de Franç. de Malherbe, données par de S. Marc. *Paris,* 1757, *in*-8.

630 Diverses Poësies de Cl. de Malleville. *Paris,* 1664, *in*-12.

631 Moyse Sauvé, Idyle héroïque de S. Amant. *Paris,* 1659, *in*-4.

632 La Rome ridicule, par le même, avec la traduction en vers italiens, *in*-12.

633 Œuvres d'Honorat de Beuil de Racan. *Paris,* 1724, 2 *vol. in*-12.

634 La Pucelle, ou la France délivrée, poëme héroïque, par J. Chapelain. *Paris,* 1656, *in-fol.*

635 Clovis, ou la France Chrétienne, poëme, par J. Desmarets. *Paris,* 1666, *in*-12.

636 Poësies de Lainez. *Paris,* 1753, *in*-8.

637 Poësies de Madame & de Mlle. Deshoulieres. *Paris,* 1740, 2 *vol. in*-8.

638 Fables choisies mises en vers, par Jean de la Fontaine. *Amst.* 1730, *in*-12.

639 Les mêmes Fables gravées par Et. Fessard. 3 *vol. in* 8. *en carton.*

640 Œuvres diverses de J. de la Fontaine. *Paris,* 1729, 3 *vol. in*-8.

641 Fragmens de quelques poësies & sentimens d'esprit, par de Labadie. *Amst.* 1678, *in*-8.

642 Œuvres diverses de Nic. Boileau Despreaux. *Paris,* 1694, 2 *vol. in*-12.

643 Les mêmes, avec les remarques & des éclair-
cissemens donnés par Brossette. *Amst.* 1718, 2   8 . 15
vol. in-4. fig.

644 Les mêmes, avec les figures de Bern. Picar.   83
Amst. 1718, 2 *vol. in-fol.*

645 Poësies de Chaulieu & du Marquis de la Fare.
Amst. 1724. *Dans le même volume.* La Ligue,
poëme, par Voltaire. *Genêve,* 1723. *Plus.* Le
Vice puni, ou Cartouche, poëme, par Grand-   3 . 5
val. *Anvers,* 1723, *in-8.*

646 Œuvres diverses de Vergier. *Amst.* (*Rouen,*)
1731, 4 *tomes en 2 vol. in-12.*

647 Fables nouvelles, avec un discours sur la   7 . 15
Fable, par Houdart de la Motte. *Paris,* 1719,
in-4. fig.

648 Œuvres diverses de J. B. Rousseau, avec le   1 . 15
supplément, *Amst.* 1726, 3 *tom. en 2 vol. in-12.*

649 Portefeuille de J. B. Rousseau. *Amst.* 1751,   2 . 10
2 *vol. in-8.*

650 Œuvres d'Ant. Danchet. *Paris,* 1751, 4   5 . 15
vol. in-8.

651 Œuvres d'Alexis Piron. *Paris,* 1758, 3 *vol.*   6 . 12
in-12.

652 Œuvres diverses d'Arnauld. *Berlin,* (*Paris,*)   2 . 14
1751, 3 *vol. in-12.*

653 Lettres d'Héloïse & d'Abaillard, traduites
en vers françois, par de Beauchamps. *Paris,*   1 . 7
1721, *in-12.*

654 Œuvres diverses de Roy. *Paris,* 1727, 2   1
tomes en un vol. in-8.

655 La Ligue, ou Henri le Grand, poëme, par   1 . 13
Voltaire *Genêve,* 1723. *Dans le même volume.* Les
Tragédies de Brutus, Hérode & Marianne, Zaïre
& la mort de César, par le même. 1 *vol. in-8.*

1 656 La Henriade, par Voltaire. *Londres,* 1728, *in-*8.

3·10 657 La même, avec la variantes & des notes.
Amst. (*Paris,*) 1746, *2 tomes en* 1 *vol. in-*12.

2 658 Le Poëme de Fontenoy, avec le plan de la
Bataille, & autres pieces, par Voltaire. *Paris,*
1745, *in-*4. *mar.*

1·5 659 Poëmes sur la Religion & sur la Grace, par
Racine. *Paris,* 1742, *in-*12.

1·4 660 Œuvres de Gresset. *Genêve,* 1744, *2 tomes
en* 1 *vol. in-*12.

1·10 661 L'Art d'Aimer, poëme héroïque, en IV.
Chants. 1745, *in-*12.

1·5 662 Recueil de pieces choisies sur les Conquêtes
& la Convalescence du Roi. *Paris,* 1745, *in-*8.

2·1 663 Malthe, ou l'isle Adam, poëme, par Privat
de Fontanille. *Paris,* 1749, *in-*8.
664 Poësies Sacrées, par le Franc de Pompignan.
Paris, 1751, *in-*8.

3 665 Lamentations de Jérémie, odes, par Dar-
naud. 1757, *in-*8.

14·19 666 L'Art de Peindre, poëme, par Watelet. *Paris,*
1760, *in-*4. *fig. br.*

2·9 667 Clovis, poëme héroï-comique. *Paris,* 1763,
3 *vol. in-*12. *br.*

6 668 Paquet de différentes pieces de Poësies, *tant
in-*4. *qu'in-*12. *br.*

Poëtes Dramatiques François. Traités sur les Théâtres.

4 669 La pratique du Théâtre, par Fr. Hedelin;
Abbé d'Aubignac. *Amst.* 1715, 2 *vol. in-*8.

1 670 Réflexions historiques & critiques sur les différens Théâtres de l'Europe, par L. Riccoboni.
Paris, 1738, *in* 8.

671 Bibliothéque des Théâtres. *Paris, 1733, in-8.* 1

672 Hiſtoire du Théâtre François, par Parfait. *Paris, 1734, 15 vol in-12.* 19·19

673 Recherches ſur les Théâtres de France, avec l'hiſtoire des Poëtes Provençaux, par de Beau-champs. *Paris, 1733, 3 vol. in-8.* 3·13

674 Tablettes Dramatiques, par le Chevalier de Mouhy. *Paris, 1752, in-8.* 1·7

675 Dictionnaire des Théâtres de Paris. *Paris, 1756, 7 vol. in-12.* 13·19

Collections des Œuvres des Poëtes Dramatiques.

676 Les Tragédies de Robert Garnier. *Lyon, 1615, in-12.*

677 Théâtre de P. Corneille. *Paris, 1634, 2 vol. in-4.* 1·10

678 Les mêmes, avec les commentaires & les notes de Voltaire. *Genêve, 1764, 12 vol. in-8. figures.* 51·12

679 Les Œuvres de P. & Thom. Corneille. *Paris, 1723, 10 vol. in-12.* 16

680 Recueil de diſſertations ſur pluſieurs Tragé-dies de Corneille & de Racine, par l'Abbé Granet. *Paris, 1740, 2 vol. in-12.* 1

681 Œuvres de J. B. Poquelin de Moliere. *Paris, 1739, 8 tomes en 4 vol. in-12.* 12·10

682 Les Œuvres de Théâtre de Hauteroche. *Paris, 1736, 3 vol. in-12.* 3·17

683 Les Œuvres de Raimond Poiſſon. *Paris, 1723, 2 tomes en 1 vol. in-12.*

684 Le Théâtre de Montfleury pere & fils. *Paris, 1739, 3 vol. in-12.* 5

685 Œuvres de J. Racine. *Paris, 1728, 2 vol. in-12.* 2·9

686 Théâtre d'Edme Boursault. *Paris*, 1725, 3 *in*-12.

687 Les Œuvres de Champmeslé. *Paris*, 1735, 2 *vol. in*-12.

688 Œuvres de Jean Franç. Regnard. *Paris*, 1731, 5 *vol. in*-12.

689 Œuvres de Jean Palaprat. *Paris*, 1712, 2 *vol. in*-12.

690 Œuvres de Florent Carton Dancourt. *Paris*, 1711, 1729, 9 *vol. in*-12.

691 Théâtre de Marc-Antoine le Grand. *Paris*, 1731, 4 *vol. in*-12.

692 Œuvres de Ph. Poisson. *Paris*, 1743, 2 *vol. in*-12.

693 Œuvres de Jolyot de Crebillon. *Paris*, 1737, 2 *vol. in*-12.

694 Les mêmes. *Paris, Imprimerie Royale*, 1750, 2 *tomes en* 1 *vol. in*-4.

695 Théâtre de Fagan, & autres œuvres du même auteur. *Paris*, 1760, 4 *vol. in*-12.

696 Le Pere de Famille, comédie, avec un discours sur la Poësie Dramatique, (par Diderot.) *Amst.* (*Paris*) 1758, *in*-8.

697 Le Pere de Famille, comédie, trad. de l'italien de Ch. Goldoni. *Avignon*, 1758, *in*-8.

698 Paquet de Tragédies & Comédies anciennes & modernes, *tant in*-8. qu'*in*-12.

699 Les Leçons de Thalie, ou les tableaux des divers ridicules que la Comédie présente. *Paris*, 1751, 2 *vol. in*-12.

700 Histoire du théâtre de l'Opéra en France. *Paris*, 1753, *in*-8.

701 Recueil des Opéra représentés par l'Académie Royale de Musique. *Paris*, 1703, 1739, 15 *vol. in*-12.

702 Pacquet de paroles d'Opéra. *in-4. br.*   3. 12

703 Mémoires pour servir à l'histoire des Spectacles
   de la Foire. *Paris, 1743, 2 tomes en 1 vol. in-12.*   1. 8

704 Théâtre de la Foire, ou l'Opéra Comique,   6. 10
   par le Sage & d'Orneval. *Paris, 1721, 1737,*
   9 vol. in-12.

705 Brunettes, tendresses bachiques, nouvelles   4. 8
   parodies bachiques, & la clef du chansonier, le
   tout recueilli, par Ballard. *Paris, 1703, 1717,*
   8 vol. in-12.

Poëtes Italiens.

706 Il Dante, con nuova espositioni & la vita   1. 4
   dell'autore. *Lione, 1551, in-16.*

707 Il Petrarcha con l'espositione d'Alessandro   1. 4
   Velutello. *Vinegia, 1538, in-4.*

708 Roland l'Amoureux, traduit de l'italien de   2. 10
   Matheo Maria Boyardo. *Paris, 1717, 2 vol.*
   in-12.

709 Le divin Ariofte, ou Roland le Furieux, trad.   2. 8
   en françois, par Franç. de Rosset. *Paris, 1615,*
   in-4. fig.

710 Roland Furieux, poëme héroïque, trad. de   6. 19
   l'Ariofte, par de Mirabaud. *La Haye, 1741,*
   4 vol. in-12.

711 La Jérusalem délivrée, poëme héroïque, trad.   3. 2
   du Tasse, par de Mirabaud. *Paris, 1724, 2*
   vol. in-12.

712 Il Paftor Fido, tragicomedia paftorale, di   2. 3
   Batifta Guarini. *Colonia, 1677, in-12. fig.*

713 Il Tofcanifmo, e la Crufca, ofia il crufcante   2. 1
   impazzito, tragicomedia giocofa. *Venezia, 1739,*
   in-8.

714 Poëfies italiennes, espagnoles & latines, de

Regnier des Marais. *Paris*, 1708, *in-12.*

715 Stanze di diversi Poeti racolte da Lod. Dolce. *Vinegia*, 1580.—Rime scelte da diversi autori racolte da Lod. Dolce. *Vinegia*, 1565.—IV. libri delle lettere di Gir. Parabosco, ricorrette per Thomaso Porcacchi. *Vinegia*, 1567, *in-12.*

716 Theatro del Marchese Scipione Maffei. *Verona*, 1730, *in-8.*

717 Œuvres de l'Abbé Metastasio, traduites par Bonnet de Chemilin. *Paris*, 1749, *in-12.*

718 Ancien Théâtre Italien, ou recueil de toutes les Comédies jouées par les Comédiens Italiens, par Guerardi. *Paris*, 1700, 3 *vol. in-12.*

719 Tables alphabétiques & chronologiques des pieces représentées sur l'ancien Théâtre Italien, depuis son établissement jusqu'en 1697, qu'il a été fermé, par du Gerard. *Paris*, 1750, *in-8.*

Poëtes Espagnols & Anglois, &c.

720 Extraits de plusieurs pieces du Théâtre Espagnol, par du Perron de Castera. *Paris*, 1738, *in-12.*

721 Le Paradis perdu de Milton, trad. de l'anglois, par Racine. *Paris*, 1755, 3 *vol. in-8.* — Le Paradis reconquis, trad. de l'anglois de Milton, par le Pere de Mareuil. *Paris*, 1736, *in-12.*

722 Essai sur la Critique, poëme trad. de l'anglois de Pope, en vers françois, par l'Abbé du Resnel. *Paris*, 1730. — *Dans le même volume.* Maximes & réflexions morales, traduites de l'anglois, & l'essai sur l'Homme de Pope, trad. en vers franç. *Londres*, 1739, *in-8.*

723 Les principes de la Morale & du Gout, ou l'essai sur l'Homme & sur la Critique, trad. de

l'anglois de Pope, par l'Abbé du Refnel. *Paris*, 1737 , *in-8*.

724 Lettre fur le Théâtre Anglois, avec une traduction de l'Avare, comédie de Schadwel. Et de la Femme de Campagne, comédie de Wicherley. 1752, 2 *vol. in-12*.

725 Le Théâtre Anglois, trad. par de la Place. *Londres*, (*Paris*,) 1749, 8 *vol. in-12*.

726 Les Saifons , poëme, traduit de l'anglois de Thomfon. *Paris*, 1759 , *in-8. fig*.

727 Poëfies de Haller, traduites de l'allemand. *Zuric*, (*Paris*,) 1752, *in-12*.

728 Naufrage des ifles flottantes , poëme trad. de l'italien. (*Paris*,) 1753 , 2 *vol. in-12*.

Fables & Apologues.

729 C. Jul. Hygini Fabulæ, cum animadverfionibus Barthii. *Lugd. Bat.* 1670, *in-12*.

730 Les Contes & Fables Indiennes, de Bidpai & de Lokman , trad. du Turc, par Galiand. *Paris*, 1724 , 2 *vol. in-12*.

R O M A N S.

731 De l'ufage des Romans, avec une bibliothéque des Romans , par Gordon de Percel. *Amft.* 1732, 2 *vol. in-12*.

732 Hiftoire juftifiée contre les Romans , par l'Abbé Lenglet du Frefnoy. *Amft.* (*Paris*,) 1734 , *in-12*.

Romans Grecs & Latins.

733 Les Amours de Daphnis & de Chloé , trad. du grec de Longus , par Jacq. Amyot. *Paris*, 1731 , *in-8. fig*.

734 Heliodori Œthiopicorum libri x. cum verſione Stan. Worſchewiczki, & cum notis Hieronimi Comelini. *Lugd.* 1611, *in-8.*

735 Hiſtoire Æthiopique d'Héliodore, trad. en franç. par Jacq. Amyot. *Paris, in-8.*

736 Amours de Théagênes & Chariclée, trad. du grec. *Paris,* 1743, 2 *vol. in* 12.

737 Les Amours d'Abrocome & d'Anthia, trad. du grec de Xénophon avec des notes, par Jourdan. 1748, *in-8.*

738 Les Métamorphoſes, ou l'Ane d'or, traduit d'Apulée, avec des commentaires. *Paris,* 1648, *in-8. fig.*

739 Joan. Barclai Argenis, cum clave. *Lugd. Bat. Elzevir,* 1630, *in-12.*

740 Euphormionis Luſinini, five Joan. Barclaii Satyricon, cum clave. *Lugd. Bat. Elzevir,* 1637, *in-12.*

741 Les Aventures d'Euphormion, hiſtoire ſaty-rique trad. du latin de Barclai. *Anvers,* 1711, 2 *tomes en* 1 *vol. in-12.*

Romans François.

742 Polexandre, par Marin le Roy de Gomber-ville. *Paris,* 1645, 5 *vol. in-8.*

743 Caſſandre, roman, par Madame de Surgeres. *Paris,* 1752, 3 *vol. in-12.*

744 Cléopatre, par de Coſtes de la Calprenede. *Paris,* 1654, 1658, 12 *vol. in-12.*

745 Clélie, hiſtoire romaine, par de Scudery. *Paris,* 1660, 11 *vol. in-8.*

746 Agiatis, reine de Sparte, par Dortigue de Vaumoriere. *Paris,* 1685, 2 *vol. in-12.*

747 Faramond, par de la Calprenede. *Amst.* 1664. 1670, 12 *vol. in-8.*

748 Anecdotes de la Cour de Philippe Auguste, par Mlle. de Lussan. *Paris*, 1738, 6 *vol. in-12.*

749 Hist. de Jean de Bourbon, prince de Carency. *Paris*, 1692, 3 *vol. in-12.*

750 Les Mémoires secrets de la Cour de Charles VII. par Madame Durand. *Paris*, 1700, 2 *vol. in-12.*

751 Les mêmes. *Paris*, 1734, 2 *tomes en* 1 *vol. in-12.*

752 Annales galantes de la Cour de Henri II. par Mlle. de Lussan. *Amst.* 1749, 2 *vol. in-12.*

753 Anecdotes de la Cour de François Ier. par la même. *Londres (Paris)* 1748, 3 *vol. in-12.*

754 Histoire de Marguerite de Valois, reine de Navarre, par Mlle. Caumont de la Force. *Paris*, 1720, 4 *vol. in-12.*

755 Le Prince de Condé, par Edme Boursault. *Paris*, 1675, *in-12.*

756 Le Duc de Guise, surnommé le Balafré, par de Brie. *Paris*, 1674, *in-12.*

757 Le Duc d'Orléans, histoire galante. *Paris*, 1676, *in 12.*

758 La Princesse de Montpensier, par Madame de la Fayette & Jean Renaud de Segrais. *Paris*, 1674, *in-12.*

759 Intrigues galantes de la Cour de France, par Sauval. *Cologne*, 1698, 2 *vol. in-8.*

760 Le Comte de Dunois. *Paris*, 1671, *in-12.*

761 Histoire de Madame de Bagneux. *Paris*, 1669, *in-12.*

762 Histoire du Maréchal de la Feuillade, nouvelle galante & historique. 1713, *in-12.*

763 Catherine de France, reine d'Angleterre, par Baudot de Juilly. *Paris*, 1706, *in-12.*

764 Histoire de Marguerite d'Anjou, reine d'Angleterre, par l'Abbé Prevost. *Amst.* (*Paris*,) 1740, 2 *vol. in-12.*

765 Marie Stuard, reine d'Ecosse, nouvelle historique, par P. le Pesant de Boisguilbert. *Paris*, 1675, 3 *vol. in-12.*

766 Le Comte de Warwitk, par Madame d'Aulnoy. *Paris*, 1703, 2 *vol. in-12.*

767 Histoire d'Hypolite, Comte de Duglas, par Madame d'Aulnoy. *Paris*, 1708, 2 *vol. in-12.*

768 Le Czar Démétrius, histoire moscovite, par N. de la Rochelle. *Paris*, 1715, *in-12.*

769 Ildegerte, reine de Norvège, ou l'amour magnanime, par Eust. le Noble. *Paris*, 1694, *in-12.*

770 Mémoires du Comte de Bonneval. *La Haye*, 1738, 3 *vol. in-12.*

771 Histoire de Dona Olimpia Maldachini, trad. de l'ital. de l'Abbé Gualdi. *Leyde*, 1666, *in-12.*

772 Dom Juan d'Autriche, Nouvelle. *Paris*, 1678, *in-12.*

773 La Saxe Galante. *Amst.* 1735, 2 *tomes en* 1 *vol. in-12.*

774 Le Comte de Tekeli, nouvelle historique, par de Prechac. *Paris*, 1686, *in-12.*

775 Mémoires de Hollande. *Paris*, 1678, *in-8.*

776 Relation historique de l'invasion d'Espagne par les Maures. *La Haye*, 1699, 4 *tomes en* 1 *vol. in-8.*

777 Mémoires du Serail sous Amurat II. *Paris*, 1679, 3 *vol. in-12.*

778 Ibrahim, ou l'illustre Bassa, par Georges de Scudery. *Rouen*, 1665, 4 *vol. in-12.*

779 La Reine d'Ethiopie, historiette comique.
Paris, 1670, in-12.
780 Ismaël, prince de Maroc. *Paris, 1698, in-12.*
781 L'Astrée d'Honoré d'Urfé, avec la conclu-
sion de l'Astrée, par Baro. *Paris, 1647, 5 vol.*
in-8.
782 La même Astrée avec la Clef. *Paris, 1733,*
5 vol. in-12.
783 L'Anti-Roman, ou histoire du berger Lysis,
par Charles Sorel, avec des remarques, par Jean
de la Lande. *Paris, 1633, 2 vol. in-8.*
784 Amours de Lysandre, histoire tragi-comique
de notre tems, par d'Audiguier. *Rouen, 1637.*
in-12.
785 La Précieuse, ou le mystere des ruelles, par
de Pure. *Paris, 1656, 2 vol. in-8.*
786 Historiettes galantes & amoureuses, ou Aris-
tandre, ou l'Histoire interrompue. *Paris, 1667,*
in-12.
787 Le Chien de Boulogne, ou l'amant fidèle,
nouvelle. *Paris, 1668, in-12.*
788 Les Fleurs des nouvelles galantes, tant en
prose qu'en vers, par Alcide de S. Maurice.
Paris, 1668, in-12.
789 Epigonne, histoire du siecle futur, par Jacq.
Guttin. *Paris, 1669, in-8.*
790 Le Marquis de Chavigny, par Edme Boursault. *Paris, 1670, in-12.*
791 Nicandre, premiere nouvelle de l'Inconnu.
Paris, 1672, in-12.
792 Mémoires du Tems, ou histoire du marquis de
Fresne. *Rouen, 1674, in-12.*
793 Les Désordres de l'Amour, par Madame de
Villedieu. *Paris, 1776, in-12.*

794 M. de Kervau, nouvelle comi galante. *Paris*, 1678, 2 *vol. in*-12.

795 Le Gris-de-Lin, hiſtoire galante, par de Prechac. *Lyon*, 1680, *in*-12.

796 Le Secret, nouvelle, par Prechac. *Paris*, 1683, *in*-12.

797 La Comteſſe de Mortagne, par Madame Durand. *Paris*, 1699, 2 *vol. in*-12.

798 Ne pas croire ce qu'on voit, hiſt. eſpagnole, par Edme Bourſault. *Paris*, *in*-12.

799 Les aventures ou mémoires de la vie de Henriette Sylvie de Moliere. *Amſt.* (*Paris*,) 1733, 2 *tomes en* 1 *vol. in*-12.

800 L'Amant oiſif, contenant 50 nouvelles eſpagnoles, par de Garouville. *Bruxelles*, 1701, *in*-12.

801 Le Comte de Tiliedate, par la Marquiſe de P*** *Paris*, 1703, *in*-12.

802 L'infortuné Napolitain, ou les aventures de Roſelli. *Amſt.* 1708, 2 *vol. in*-12. *fig.*

803 Céliſe, ou l'amante fidèle, par D*** ouvrage galant, critique, férieux & comique. *Paris*, 1713, *in*-12.

804 Gilblas de Santillane, par le Sage. *Paris*, 1715, 4 *vol. in* 12.

805 Les illuſtres Françoiſes, hiſtoires véritables. *Paris*, 1725, 4 *vol. in*-12.

806 La Beauté triomphante, ou les caprices de la Fortune. 1720, *in*-12.

807 Les Amazones révoltées, roman moderne, par Louis le Maingre de Bouciquault. *Rotterd.* 1730, *in*-12.

808 Mémoires du Comte de Commainville. *Paris*, 1735, *in*-12.

869

809 Mémoires du Comte de Comminges. *La Haye*, 1735, *in-12*.

810 Mémoires, anecdotes de Dulis, avec la comédie du Triomphe de l'Intérêt. *Londres*, 1739, *in-12*.

811 Histoire de Gogo. *Paris*, 1739, 2 *tomes en* 1 *vol. in-12*.

812 Mémoires pour servir à l'histoire de Malthe, ou histoire de la jeunesse du Commandeur de *** par l'Abbé Prevost. *Amst. (Paris,)* 1741, 2 *tomes en* 1 *vol. in-12*.

813 Les Confessions du Comte de *** par du Clos. *Amst. (Paris,)* 1741, *in-12*.

814 Histoire des amours de Valerie & de Barbarigo, par Galli de Bibiena. *Lausane, (Paris,)* 1741, 2 *tomes en* 1 *vol. in-12*.

815 Mémoires d'une Fille de qualité, par D. L. P. 1742, *in-12*.

816 Amours du Comte de Clare. *Amst.* 1743. —*Dans le même vol.* La Princesse Sensible, ou le Prince Typhon, conte. *La Haye*, 1743, *in-12*.

817 Silvie, par Vatelet. *Londres, (Paris,)* 1743, *in-8*.

818 Les Epoux malheureux, ou histoire de M. & Madame de la Bedoyere. *Avignon*, 1746, *in-12*.

819 Les Malheurs de l'amour, par Madame de Tencin. *Amst.*, 1747, 2 *tomes en* 1 *vol. in-12*.

820 Mysis & Glaucé, poëme en trois chants, trad. du grec. *Genève*, 1748, *in-12*.

821 Le Paysan parvenu, par de Marivaux. *Paris*, 1748, 2 *vol. in-12*.

822 Mémoires de Mde. la Comtesse de *** *La Haye, (Paris,)* 2 *tomes en* 1 *vol. in-12*.

E

823 Le Mot & la Chose. 1752, *in-12.*

824 L'Ecole des Filles, ou les mémoires de Constance. *Londres*, 1753, 4 *vol. in-12.*

825 La Double Beauté, roman étranger. *Cantorbery*, 1754, *in-12.*

826 La nouvelle Heloïse, par J. Jacq. Rousseau. *Amst.* 1761, 6 *vol. in-12. fig.*

Romans Italiens, Espagnols & Anglois.

827 La Rosalinde, imitée de l'italien de Bernard Morendo. *in-12.*

828 Raguagli del regno di Cipro, di Luca Afferino. *Venetia*, 1654, *in-12.*

829 Il congresso di Citera Napoli, 1745.—*Dans le même vol.* Zadig, ou la Destinée, histoire orientale. 1748, *in-12.*

830 Mémoires de Gaudentio di Lucca, traduits de l'italien, avec des notes de Rhedi. 1746, 2 *vol. in-12.*

831 Les VII. livres de la Diane de Montemayor, traduits de l'espagnol, par Pavillon. *Paris*, 1613, *in-8.*

832 Lazarille de Tormes, trad. de l'espagnol de D. Diego Hurtado de Mendoça. *Bruxelles* 1699, 2 *tomes en* 1 *vol. in-12.*

833 Le Bachelier de Salamanque, tiré de l'espagnol, par le Sage. *Paris*, 1736, 2 *vol. in-12. fig.*

834 Histoire & aventures de Dona Rufina, trad. de l'espagnol. *Paris*, 1731, 2 *vol. in 12. fig.*

835 Les Divertissemens de Cassandre & de Diane, ou les nouvelles de Castillo & de Taleyro, trad. de l'espagnol, par Vanel. *Paris*, 1683, 2 *tom. en* 1 *vol. in-12.*

836 Mémoires du Chevalier Hazard, trad. de

l'anglois. *Cologne*, 1705. —*Dans le même vol.* Hiftoire de Dom Antoine, roi de Portugal, par de Sainctonge. *Amft.* 1696, *in-12.*

837 Pamela, ou la Vertu recompenfée, trad. de l'anglois de Fielding. *Londres*, (*Paris*,) 1742, 4 *vol. in-12.*   7 · 15

838 Les Mémoires de Paméla. *Londres*, (*Paris*,) 1743, 2 *tomes en 1 vol. in-12.*   1 · 7

839 Le véritable Ami, ou la vie de David le fimple, trad. de l'anglois, par Skunk. *Amft.* (*Paris*,) 1749, 2 *vol. in-12.*   4

840 Hift. de Tom Jones, ou l'Enfant trouvé, trad. de l'angl. de Fielding, par de la Place. *Londres*, (*Paris*,) 1750, 4 *vol. in-12.*   8 · 12

841 Hift. des Paffions, ou Aventures du Chevalier Shroop, trad. de l'angl. par Touffaint. *La Haye*, (*Paris*,) 1751, 2 *vol. in-12.*   3 · 13

842 L'Orpheline angloife, ou hiftoire de Charlotte Summers, par de la Place. *Londres*, (*Paris*,) 1751, 4 *vol. in-12.*   6 · 6

843 Lettres Angloifes, ou Hiftoire de Miff. Clarice Harlove, trad. de l'anglois. *Londres*, (*Paris*,) 1751, 6 *vol. in-12.*   19

844 La Vie & les Aventures du petit Pompée, hiftoire critique trad. de l'anglois, par Touffaint. *Londres*, 1752, 2 *vol. in-12.*   3 · 4

Romans Philofophiques.

845 Les Voyages de Cyrus, avec un difcours fur la Mythologie, par de Ramfay. *Paris*, 1727, 2 *vol. in 8.*   2 · 10

846 Les mêmes. *Londres*, 1730, *in-4.*   4

847 Sethos, hiftoire ou vie tirée des monumens   5 · 17

anecdotes de l'ancienne Egypte, par l'abbé Ter-raſſon. *Paris*, 1731, 3 *vol. in-12.*

3   848 Apollon Mentor, ou le Télémaque moderne. *Londres*, 1748, *in 8.*

Romans Satyriques, Comiques.

1·11   849 Le Roman Bourgeois, par Furetiere. *Paris;* 1666, *in-8.*

1   850 La Priſon ſans chagrin, hiſt. comique *Paris,* 1609, *in-12.*

2·15   851 Gomgam, ou l'Homme prodigieux. *Paris,* 1711, 2 *vol. in 12.*

1·12   852 Hiſtoire de Don Ranucio d'Alettes, par le Sage. *Veniſe*, (*Paris,*) 1736, *in-12.*

Nouvelles & Contes.

1   853 Il Decameron di Giov. Boccaccio. *Venetia,* 1638, *in-4.*

4·2   854 Contes & Nouvelles de Jean Bocace. *La Haye*, 1733, 2 *vol. in-12.*

5·19   855 La prima & la ſeconda Cena novelle di Ant. Franç. Grazzini, detto il Laſca. *In Londra*, 175·, *in-4.*

5·12   856 Les facétieuſes Nuits de Straparole, trad. de l'italien, par J. Louveau & Pierre de Larrivey. *Paris*, 1726, 2 *vol. in-12.*

30·8   857 Hiſtoires tragiques extraites des œuvres de Bandel, & trad. en françois par Pierre Boaiſtuau & Fr. de Belleforeſt. *Paris & Lyon*, 1580, 1596, 7 *tomes en* 21 *vol. in-16.*

6·3   858 Les Cent Nouvelles nouvelles. *La Haye,* 1733; 2 *vol. in-12.*

3·13   859 L'Heptameron, ou hiſtoire des Amans fortu-nés, nouvelles de Marguerite de Valois, reine

de Navarre , remis en ordre par Cl. Gruget.
Paris, 1698, 2 *vol. in-*12.

860 Contes & nouvelles de Marguerite de Valois
mis en beau langage. *La Haye*, 1733 , 2 *vol.*
*in-*12.

861 Les Contes & Discours d'Eutrapel , par Noël
du Fail de la Herissaye. *Paris*, 1732 , 3 *vol.*
*in-*12.

862 Le Sopha , conte moral , par Crébillon fils.
*in-*12.

863 Les mille & une nuit , contes arabes , par
Galland. *Paris*, 1705, 12 *vol. in-*12.

864 Les veillées de Thessalie , par Mlle. de Lussan.
Paris, 1741 , 4 *vol. in-*12.

865 Acajou & Zirphile , conte , par du Clos.
Minutie, 1744 , *in-*4.

Voyages imaginaires.

866 Les Aventures de Jacques Sadeur dans la dé-
couverte & le voyage de la terre australe. *Amst.*
1732 , *in-*12.

867 Relation du Voyage de l'isle de la Vertu.
Mons, 1677 , *in-*12.

868 Voyage de campagne , avec les Comédies en
proverbes , par Madame de Murat. *Paris*, 1699 ,
2 *vol. in-*12.

Dissertations plaisantes & badines sur diverses
matieres. Facéties & pieces burlesques.

869 Franç. Vavassoris de ludicra dictione liber , in
quo tota jocandi ratio estimatur. *Paris*, 1688 ,
*in-*4.

870 Les touches & bigarures du Seigneur des
Accords , (Et. Tabourot.) *Rouen*, 1628 , *in-*12.

871 Le Docteur Gelaon, ou les Ridiculités anniennes & modernes. *Londres*, 1727, *in-12.*

872 Mémoires de l'Académie de Troyes, par Grosley. *Liége*, 1744, *in-8.*

873 Les Etrennes de la S. Jean. *Troyes*, 1742, *in-12.*

874 Recueil de ces Messieurs. *Amst.* 1745, *in-12.*

875 Les Manteaux, recueil. *La Haye*, 1746, *in-12.*

876 Le Pot-pourri, ouvrage nouveau de ces Messieurs & de ces Dames. *Amst.* 1748.—*Dans le même vol.* Les Fêtes roulantes & les regrets des petites rues. 1747, *in-12.*

877 Histoire de Guillaume Cocher. *Paris*, *in-12.*

878 Relation apologétique & historique de la Société des Francs Maçons. *Dublin*, 1738, *in-8.*

879 Le parfait Maçon, ou les véritables secrets de la Maçonnerie, avec le secret des Francs-Maçons, & un recueil de leurs chansons. 1744, *in-12.*

PHILOLOGUES.

Traité des Études.

880 Traité des Etudes, par Ch. Rollin, avec le supplément. *Paris*, 1726 & 1734, 5 *vol. in-12.*

881 Projet pour perfectionner l'éducation des Colléges, par l'Abbé de S. Pierre. *Paris*, 1728, *in-12.*

882 Avantages de l'education des Colléges sur l'éducation domestique, par le même. *Paris*, 1740, *in-12.*

883 De l'éducation des Dames pour la conduite de l'esprit dans les sciences & dans les mœurs, par Poulain. *Paris*, 1679, *in-12.*

Critiques & ouvrages divers de Philologie.

884 Henr. Sthephani differtatio de criticis vete-   1 · 12
ribus græcis & latinis. *Parifiis*, 1587, *in-4.*

885 Joan. Clerici ars critica. *Amftelodami*, 1699,   3 · 10
3 *vol. in-8.*

886 Réflexions fur les regles & fur l'ufage de la
Critique, par le P. Honoré de Ste. Marie. *Paris*,
1713, *in-4.*

887 Réflexions fur la Critique, par Houdart de
la Motte. *Paris*, 1715.—*Dans le même volume.*   1 · 8
Differtations fur les ouvrages de la Motte. *Paris*,
1715, *in-12.*

888 Le Parnaffe reformé, par Gueret. *in-12.*

889 Remarques fur Virgile & fur Homere, & fur
le ftyle poëtique de l'Ecriture Sainte. *Paris*,
1705, *in-12.*

890 Nouvelles remarques fur Virgile & fur Ho-   1
mere, & fur le prétendu ftyle de l'Ecriture
Sainte, ou les Sopho - maries & les folies des
fages & des favans. 1710, *in-12.*

891 Des caufes de la corruption du Goût, par
Madame Dacier. *Paris*, 1714, *in-12.*

892 Effais de critique fur les écrits de Rollin, fur   2
les traductions d'Hérodote, & fur le Dictionn.
de la Martiniere, par l'Abbé Bellanger. *Amft.*
1740 & 1741, 2 *vol. in-12.*

893 Le Chef-d'œuvre d'un inconnu, poëme, avec   2 · 15
des remarques, par Chrifoftôme Matanafius,
(Themifeul de Ste. Hyacinthe.) *La Haye*, 1714.
—*Dans le même vol.* L'élève de Terpficore, ou
le nourriffon de la Satyre, par de Boiffy. *Amft.*
1718, 2 *tom en* 1 *vol. in-12.*

894 Les Préjugés du Public, avec des obfervations,   1 · 10

par de Nesle. *Paris*, 1747, 2 *vol. in-12.*

2.6 895 La philosophie des Images, par le Pere Me-
nestrier. *Paris*, 1682, 1683, 2 *vol. in-8.*

1.14 896 L'art des Devises, par le même. *Paris*, 1684,
in-8.

1.10 897 Les Devises de Boissieres. *Paris*, 1654, *in-8.*

Satyres & Apologies.

14.6 898 Traduction entiere de Pétrone, par Nodot.
Cologne, 1694, 2 *vol. in-8.*

.5 899 Hist. secrette de Néron, ou le festin de Tri-
malcion, trad. de Pétrone, par Lavaur. *Paris*,
1726, 2 *tom. en 1 vol. in-12.*

5 900 Apologie pour Hérodote, ou Traité de la con-
formité des merveilles anciennes avec les modernes, par H. Estienne, avec les remarques de
le Duchat. *La Haye*, 1735, 3 *vol. in-12.*

1.4 901 Les Moines empruntés, par Pierre Joseph,
(l'Abbé Faydit.) 1718, 2 *tom. en 1 vol. in-12.*

902 La Monarchie des Solipses, trad. du latin de
Melchior Inchoffer. *Amst.* 1722, *in-12.*

1 903 Le Catéchisme des Jésuites, par Et. Pasquier.
Villefranche, 1602, *in-8.*

1.4 904 Le Mercure Jésuite. *Genêve*, 1626, *in-8.*

3.12 905 Le Cabinet Jésuitique. *Cologne*, *in-12.*

2.10 906 Hist. de D. Inigo de Guipuscoa, par Hercule
Rasiel de Selva. *La Haye*, 1736, 2 *tomes en 1
vol. in-8.*

1 907 Satyres de M. le Prince Cantemir. *Londres*,
1749, *in-8.*

4.4 908 Voltariana, ou Eloges amphigouriques de Voltaire. *Paris*, 1749, 2 *vol. in-8.*

909 L. Apulæi apologia, notis illustrata, à Joan.
Pricæo. *Parisiis*, 1635, *in-4.*

910 Desiderii Erasmi Moriæ Encomium, cum Ger. Listrii commentariis. *Lugd. Bat.* 1648, *in-12.* } 1·9

911 Apologie pour les grands hommes soupçonnés, de Magie, par Gab. Naudé. *Amst.* 1712, *in-12.* 1·16

Apophtegmes, Adages & bons Mots, &c.

912 Les Apophtegmes des anciens, trad. par Nic. Perrot d'Ablancourt. *Paris,* 1664, *in-4.*

913 Apopthegmata græca Regum, Ducum, &c. ex Plutarcho & Diogene Laertio, gr. lat. *Parisiis.* 1568, *in-8.*

914 Desiderii Erasmi apopthegmata. *Hagæ comitis,* 1641, *in-12.*

915 Valerius Maximus, cum notis variorum, edente A. Thysio. *Lugd. Bat.* 1670, *in-8.* } 3·3

916 Valerii Maximi exemplorum memorabilium libri IX. cum interpretatione & notis Jos. Cantel, ad usum Delphini. *Parisiis,* 1679, *in-4.*

917 Les paroles remarquables, les bons mots & les maximes des Orientaux, trad. par Galland. *Paris,* 1694, *in-12.*

918 Chevræana, ou mêlanges d'Urbain Chevreau. *Paris,* 1697, *in-12.* } 1·15

918* Ducatiana, ou remarques de Jac. le Duchat sur divers sujets d'Histoire & de Littérature, donnés par Formey. *Amst.* 1738, 2 *vol. in-8.* 3·2

919 Furetiriana, ou les bons mots & les remarques d'Ant. Furetiere. *Paris,* 1696, *in-12.* 1·10

920 Longueruana, ou recueil de pensées de Louis Dufour de Longuerue. *Berlin,* 1754, 2 *vol. in-12.* 1·9

921 Menagiana, ou les bons mots & remarques critiques de Gilles Menage, avec les augmenta-

tions de la Monnoye. *Paris*, 1715, 4 *vol. in-12.*

922 Naudæana & Patiniana, ou singularités remarquables prises des conversations de Gabr. Naudé & Gui Patin. *Amst.* 1703, *in-12.*

923 Perroniana & Thuana sive excerpta ex ore Patini & Aug. Thuani. *Genevæ*, 1669, *in-8.*

924 Poggiana, ou la vie, le caractère & les bons mots de Pogge Florentin. *Amst.* 1730, 2 *vol. in-12.*

925 Santeuilliana, ou les bons mots de Santeuil. *La Haye*, 1717, *in-12.*

926 Prima Scaligerana. *Ultrajecti*, 1671, *in-12.*

927 Segraisiana, ou mêlanges d'Histoire & de Littérature, tirés des entretiens de Regnauld de Segrais. *in-8.*

928 Sorberiana, sive excerpta ex ore Samuelis de Sorbiere. *Tolosæ*, 1694, *in-12.*

929 Valesiana, ou les Pensées critiques, historiq. & morales, & les Poësies latines de Valois. *Paris*, 1694, *in-12.*

POLYGRAPHES.

Polygraphes Latins & François.

930 Lucii Apuleii Opera, cum interpretatione & notis Juliani Floridi, ad usum Delphini. *Parisiis*, 1688, 2 *vol in-4.*

931 Auli Gellii Noctes Atticæ. *Lugd.* 1546, *in-8.*

932 Essais de Michel de Montagne, avec les notes de Pierre Costes. *Londres*, 1739, 6 *vol. in-12.*

933 Les Œuvres de Louis Guez de Balzac. *Paris*, 1665, 2 *vol. in-fol.*

934 Œuvres diverses de Cyrano de Bergerac. *Amst.* 1741, 2 *vol. in-12.*

935 Œuvres de Vinc. Voiture. *Paris*, 1665, *in-12.*
936 Œuvres de Jean François Sarasin. *Paris*, 1656,
    in-4.
937 Œuvres de François de la Motte le Vayer.   } 4
    Paris, 1684, 17 *vol. in-12.*
938 Œuvres de Paul Scaron. *Amst.* 1737, 10 *vol.* 15 : 19
    in-12.
939 Recueil de Pieces galantes de Madame la   3
    Comtesse de la Suze, & de Paul Pelisson. *Trevoux*,
    1725, 4 *vol. in-12.*
940 Œuvres de S. Evremond. *Londres*, 1706, 5 1
    vol. in-12.
941 Les mêmes. *Londres*, 1709, 3 *vol. in-4.*
942 Les mêmes *Paris*, 1753, 12 *vol. in-12.*   15 · 19
943 Œuvres de Franç. Rapin. *La Haye*, 1725 ; 6
    3 *vol. in-12.*
944 Œuvres d'Et. Pavillon. *Amst.* (*Paris*,) 1747 ;
    2 *tomes en* 1 *vol. in-12.*
945 Œuvres de S. Réal. *Amst.* 1732, 4 *tomes en* } 4 · 5
    3 *vol. in-12.*
946 Œuvres de Houdart de la Motte. *Paris*, 1754 ; 12
    10 *tomes en* 7 *vol. in-12.*
947 Voyage de Bachaumont & Chapelle. *La Haye*, 1 · 12
    (*Paris*,) 1732, *in-12.*
947 * Œuvres de Madame la Marquise de Lambert. 3 · 17
    Paris, 1748, 2 *tomes en* 1 *vol. in-12.*
948 Traité de l'Opinion, ou Mémoires pour servir 6
    à l'Histoire de l'esprit humain, par le Gendre
    de S. Aubin. *Paris*, 1733, 6 *vol. in 12.*
949 Recueil de différentes choses appellé les Mé- 11 · 19
    moires de Lassé. *Lausanne*, (*Paris*,) 1756, 4
    vol. in-12. forma in-4.
950 Œuvres diverses de Fontenelle. *Paris*, 1724 ;
    3 *vol. in-12.*

951 Esprit de Fontenelle, ou Recueil de penſées tirées de ſes ouvrages, par de Premonval. *La Haye*, 1744, *in* 12.

952 Œuvres poſthumes de Glatigny, contenant ſes harangues, ſes diſcours académiques, &c. *Lyon*, 1757, *in-12*.

953 L'eſprit de l'Abbé des Fontaines. *Paris* 1757, 4 *vol. in* 12.

954 Œuvres de Voltaire. *Amſt.* 17,8, 4 *vol. in-12.*

955 Les mêmes. *Paris*, 1751, 11 *vol. in-12.*

956 Les mêmes. 1756, 10 *vol. in* 8.

957 Œuvres de Chalamont de la Viſclede. *Paris*, 1727, 2 *vol. in-12.*

958 Œuvres de Moncrif. *Paris*, 1751, 3 *vol. in-12.*

959 Œuvres diverſes de le Franc. *Paris*, 1750, 2 *vol. in-12.*

960 Œuvres mêlées de l'Abbé de Bernis. *Genève*, 1752, *in-8.*

961 Opuſcules de Freron. *Amſt.* (*Paris*), 1753, 3 *vol. in-12.*

962 Cours de Belles Lettres, par l'Abbé le Batteux. *Paris*, 1747, 4 *vol. in-12.*

963 Le même. *Paris*, 1753, 4 *vol. in-12.*

964 Œuvres de Maupertuis. *Dreſde*, 1752, *in-4.*

965 Mêlanges de Littérature, d'Hiſtoire & de Philoſophie, par Dalembert. *Amſt.* (*Paris*,) 1759, 5 *vol. in-12.*

966 Œuvres diverſes de Thomas. *Amſt.*, (*Lyon*) 1762, *in-12.*

967 Recueil de pieces d'éloquence préſentées à l'Académie Françoiſe pour le prix des années 1732 & 1733, & le recueil depuis 1747, juſqu'en 1753. *Paris*, 1732, 1753, 3 *vol. in-12.*

968 Mêlanges de Poësie, de Littérature & d'Hift. par l'Académie de Montauban. *Montauban*, 1750, *in-8.*

969 Recueil de pieces en profe & en vers, lues à l'Académie de la Rochelle. *Paris*, 1752, *in 8.*

970 Mémoires de l'Académie des Belles Lettres de Caen. *Caen*, 1754, 1755. *2 tomes en* 12 parties *in-12.*

971 N. Amufemens du Cœur & de l'Efprit. *Amft.* (*Paris*,) 1741, 15 *vol. vol. in-12.*

972 Le Recueil du Parnaffe, ou nouveau choix de pieces fugitives en profe & en vers. *Paris*, 1743, *in-12.*

973 Mêlanges hiftoriques & philologiques, par Michault. *Paris*, 1754, 2 *vol. in-12.*

974 Mêlanges littéraires & philofophiques. *Berlin*, 1755 & 1756, 2 *vol. in-8.*

975 Profe e rime di Giov. della Cafa, corrette per l'Abbate Antonini. *Parigi*, 1727, *in 8.*

976 Les Conceptions de Hier. Garimbert. *Paris*, 1586, *in 8.*

977 Obras de Franç. de Quevedo. *Bruffelas*, 1661. 3 *vol. in-4.*

978 Mêlange de différentes pieces de vers & de profe trad. de l'anglois, par du Bocage. *Berlin*, 1751. 3 *tomes en* 1 *vol in-12.*

979 Œuvres diverfes de Pope, trad. de l'anglois. *Amft.* 1754, 6 *vol. in-12. fig.*

Dialogues & Entretiens.

980 Defid. Erafmi Colloquia, cum notis. *Amfteladomi*, *in-16.*

981 Cymbalum mundi, ou Dialogues fatyriques

fur différens fujets, par Bonaventure des Periers. Amft. (Paris,) 1732, in-12.

982 La Maniere de bien penfer dans les ouvrages d'efprit, par le P. Bouhours. Paris, 1687, in-8.

983 Les entretiens d'Arifte & d'Eugêne, par le P. Bouhours. Paris, 1671, in-4.

984 Sentimens de Cléante fur les entretiens d'A- rifte & d'Eugêne. Paris, 1671, 2 vol in-12.

985 Nouveaux Dialogues des Morts, par Peffelier. 1753, 2 vol. in-12.

Epiftolaires, Lettres Latines & Françoifes.

986 Plinii Cæcilii II. Epiftolæ & Panægyricus, cum notis Nic, Lallemand. Paris, 1749, in-12.

987 Gafp. Naudæi Epiftolæ, editæ ab Ant. de la Poterie. Genevæ, 1667, in-12.

988 Lettres de Franç. Rabelais, avec les obfer- vations de Ste. Marthe. Bruxelles, 1710, in-12.

989 Lettres choifies de Guy Patin. Paris, 1692, 2 vol. in-12.

990 Lettres de Roger de Rabutin de Buffy. Amft. 1738, 6 vol. in-12.

991 Lettres choifies de Simon, données par Bruzen de la Martiniere. Amft. 1730, 4 vol. in-12.

992 Lettres choifies de Pierre Bayle, avec des remarques, par des Maizeaux. Amft. 1714, 3 vol. in-12.

993 Lettres de Madame la Marquife de Sevigné, avec la fuite Paris, 1734, 1751, 7 vol. in-12.

994 Lettres choifies de la Riviere. Paris, 1751, 2 vol. in-12.

995 Lettres fur les Anglois & les François, & fur les voyages, par de Muralt. 1726, in-12.

996 Lettres d'une Turque à Paris, écrites à sa sœur au Sérail. *Amst.* 1730, *in-12.*

997 Lettres écrites de Londres sur les Anglois, & autres sujets, par de Voltaire *Amst.* 1735. —*Dans le même vol.* Epîtres sur le bonheur, la liberté & l'envie, par le même. *Amst.* 1738, *in-8.*

998 Caprices d'imagination, ou lettres sur différens sujets d'histoire, de morale, de critique, d'histoire naturelle, &c. *Paris*, 1740, *in-12.*

999 Lettres Saxonnes. *Berlin*, 1738, 2 *tomes en* 1 *vol. in-12.*

1000 Lettres de la Marquise de M*** au Comte de R***par de Crebillon fils. *La Haye*, 1738, 2 *tomes en* 1 *vol. in-12.*

1001 Lettres de Rousseau sur différens sujets, données par Racine. *Genêve*, (*Paris*,) 1749, 2 *tomes en* 5 *vol. in* 12.

1002 Lettres d'un François, par l'Abbé le Blanc. *La Haye*, (*Paris*,) 3 *vol. in-12.*

1003 Lettres de Ninon de Lenclos au Marquis de Sevigné, par Damour. *Amst.* (*Paris*,) 1750, 2 *vol. in-12.*

1004 Lettres Turques, ou lettres de Neddim Coggia, par de Ste. Foy. *Amst.* 1750, 2 *vol. in-12.*

1005 Lettres critiques sur divers écrits de nos jours contraires à la religion & aux mœurs. *La Haye*, 1751, 2 *vol. in-12.*

1006 Lettres sur l'Histoire, traduites de l'anglois de Milord Bolingbroke. 1752, 2 *vol. in-12.*

1007 Lettres choisies de Pope sur différens sujets de morale & de littérature, trad. par Genet. *Paris*, 1753, 2 *vol. in-12.*

4 1008 Lettres de Madame de Maintenon. *Nancy,* 1752, 2 *vol. in*-12.

3 {1009 Lettres de Maupertuis. *Drefde,* 1752, *in*-8.
{1010 Lettres d'Ofman, (par le Chevalier Darc) *Conftantinople,* (Paris,) 1753, 3 *tomes en* 1 *vol. in*-12.

HISTOIRE.

HISTOIRE.

INTRODUCTION A L'HISTOIRE.

1011 GER. Joan. Voſſius de Hiſtoricis Græcis & Latinis. *Lugd. Bat.* 1651, 2 *vol. in-*4.

1012 L'Hiſtoire réduite à ſes principes. *Paris,* 1690, 2 *vol. in-*12.

1013 Méthode pour étudier l'Hiſtoire, par l'Abbé Lenglet du Freſnoy, avec le ſupplément. *Paris,* 1729 & 1741, 6 *vol. in-*4. *gr. pap.*

1014 Traité des différentes preuves qui ſervent à établir la vérité de l'Hiſtoire, par Henri Griffet. *Liége,* 1769, *in-*12.

GÉOGRAPHIE, COSMOGRAPHIE.

1015 Strabonis Rerum Geographicarum libri XVII. latinè, ex interpretatione & cum notis Guill. Xilandri. *Baſileæ,* 1571, *in-fol.*

1016 Pomponii Melæ de ſitu Orbis libri III. cum auctario Petri Joan. Olivarii Valentini. *Pariſiis,* 1557, *in-*4.

1017 Géographie ancienne abrégée, par Danville. *Paris,* 1768, 3 *vol. in-*12.

1018 Géographie hiſtorique, ou deſcription de l'Univers, par de la Foreſt de Bourgon. *Paris,* 1705, *in-*8.

1019 Élémens de Coſmographie, par Buy de Mornas. *Paris,* 1749, *in-*12.

1020 La Topographie & la Géographie de l'Univers, par l'Abbé Expilly. *Paris,* 1757, 2 *vol. in-*8.

F

1021 Élémens de Géographie , par Moreau de Maupertuis. 1740 , *in-8.*

1022 Tablettes géographiques , avec un petit Dictionnaire géographique. *Paris ,* 1725 , *in-12.*

1023 Tablettes géographiques pour l'intelligence des Hiſtoriens & des Poëtes latins. *Paris ,* 1755 , 2 *vol.in-24.*

1024 Le Parterre géographique & hiſtorique , ou nouvelle Méthode d'enſeigner la Géographie & l'Hiſtoire , par de Bouis. *Paris ,* 1753 , 2 *parties en* 1 *vol. in-8. fig.*

1025 Géographie pariſienne , par Teiſſerenc. *Paris ,* 1754 , *in-12.*

1026 Dictionnaire géographique & hiſtorique , par Michel Ant. Baudran. *Paris ,* 1705 , *in-fol.*

1027 Dictionnaire géographique univerſel tiré du Dictionnaire de Baudran , par C. Maty. *Utrecht ,* 1712 , *in-4.*

1028 Dictionnaire univerſel géographique & hiſtorique , par Thomas Corneille. *Paris ,* 1708 , 3 *vol. in-fol.*

1029 Dictionnaire hiſtorique portatif de la Géographie ancienne & moderne. *Paris ,* 1759 , *in-8.*

1030 Dictionnaire géographique portatif , par Voſgien. *Paris ,* 1749 , *in-8.*

1031 Le petit Dictionnaire du Tems pour l'intelligence des Gazettes & les nouvelles de la Guerre , par l'Amiral. *Paris ,* 1747 , *in-8. fig.*

1032 Le grand Dictionnaire géographique , hiſtorique & critique , par Bruzen de la Martiniere. *Dijon ,* 1739 , 1741 , 6 *vol. in-fol.*

1033 Atlas , ou Recueil de Cartes géographiques de de Liſle , Jaillot & autres. 2 *vol. in-fol. magno.*

1034 Atlas méthodique & élémentaire de Géo-

graphie & d'Histoire, par Buy de Mornas. 1761,
in-fol. oblong.

1035 Recueil de Cartes & Plans servant à l'hist.
de la Guerre de 1755 à 1763, par Beaurain.
Paris, in-4.   2 · 11

Voyages.

1036 De l'utilité des Voyages, par Baudelot de
Dairval. *Rouen,* 1727, *2 vol. in-*12.   2 · 8

1037 Histoire générale des Voyages, par l'Abbé
Prevost, *les deux premiers volumes in-4.*   13 · 19

1038 Voyage autour du Monde, par Woodes
Rogers. *Amst.* 1715, *2 vol. in* 12.   2 - 4

1039 Nouveau Voyage aux Isles de l'Amérique,
par le Pere Labat. *Paris,* 1722, *6 vol. in-*12.   12

1040 Voyage du Chevalier des Marchais en Gui-
née & Isles voisines, par le même. *Paris,* 1730,
4 *vol. in* 12.   5 · 9

1041 Voyages en Italie & en Espagne, par le
même. *Paris,* 1730, 8 *vol. in-*12.   11

1042 Voyage autour du Monde, par George An-
fon, trad. de l'angl. *Amst in-4. fig.*   10

1043 Jacobi Tollii Epistolæ itinerariæ, cum notis
Henr. Christiani Henninii. *Hagæ comitum,* 1696,
in-4.   1 · 6

1044 Mémoires du Chevalier de Beaujeu, contenant ses Voyages en Pologne, en Allemagne &
en Hongrie. *Amst.* 1700, *in-*12.   1

1045 Nouveau Voyage d'Italie par Maximilien
Misson, avec les remarques d'Adisson. *La Haye,*
1702 & 1722, 4 *vol. in-*12.   5 · 12

1046 Voyage Pittoresque d'Italie, par Cochin.
Paris, 1756, *in-4.*   8 · 10

1047 Mémoires & Lettres du Baron de Pollnitz,   3

contenant les obſervations qu'il a faites dans ſes Voyages. *Londres*, 1741, 5 *vol. in-*12.

4. 2 1048 Voyage au Levant, par Corneille le Bruyn. *La Haye*, (*Paris*,) 1714, *in fol. fig.*

3 1049 Voyage de Paul Lucas. *Rouen*, 1724, 3 *vol. in-*12.

2. 5 1050 Voyages de Franç. Bernier. *Amſt.* 1700, 2 *vol. in-*12. *fig.*

1. 11 1051 Journal du Voyage de Siam, par l'Abbé de Choiſy. *Trevoux*, 1741, *in-*12.

6. 10 1052 Recueil des Voyages qui ont ſervi à l'établiſſement & aux progrès de la Compagnie des Indes Orientales de Hollande, trad. du hollandois, par de Conſtantin. *Amſt.* 1702, 1710, 7 *vol. in-*12.

2. 12 1053 Voyage & Aventures de Franç. Leguat & de ſes Compagnons aux deux Iſles déſertes des Indes Orientales. *Amſt.* 1708, 2 *vol. in* 12. *fig.*

7. 5 1054 Voyages de Shaw dans pluſieurs Provinces de la Barbarie & du Levant, trad. de l'anglois. *La Haye*, 1743, *in-*4. *fig.*

1055 Voyage pour la rédemption des Captifs aux Royaumes d'Alger & de Tunis, par le P. Fr. Comelin. *Paris*, 1721, *in-*12.

1. 11 1056 Voyages du Baron de la Hontan dans l'Amérique Septentrionale. *La Haye*, 1706, 2 *vol. in-*12. *fig.*

3. 2 1057 Relation abrégée d'un Voyage fait dans l'intérieur de l'Amérique Méridionale, par de la Condamine, avec la Lettre ſur l'émeute populaire excitée en la ville de Cuenca au Pérou. *Paris*, 1745 & 1746, *in-*8.

1. 10 1058 Nouvelle Relation contenant les Voyages de Thomas Gage dans la nouvelle Eſpagne. *Amſt.* 1695, 2 *vol. in-*12.

1059 Histoire de la Jamaïque, trad. de l'anglois. 3
Londres, (Paris,) 1751, 2 vol. in-12.

1060 Journal du Voyage fait par ordre du Roi à 10
l'Équateur, avec le supplément, par de la Condamine. Paris, 1752 & 1754, 2 vol. in-4.

1061 Voyage historique de l'Amérique Méridio- 12·10
nale fait par ordre du Roi d'Espagne, par D.
George Juan, & D. Antoine de Ulloa. Amst.
1752, 2 vol. in-4.

CHRONOLOGIE.

1062 L'Antiquité des tems rétablie & défendue,
par le Pere Pezron. Paris, 1687, in-4. } 3·10
1063 Défense de la Chronologie contre le Système
de Newton, par Freret. Paris, 1758, in-4. br.

1064 Abrégé de la Chronologie des anciens Royau- 1
mes, par Newton, trad. de l'anglois de Reid,
par Ant. Butini. Genêve, 1743, in-8.

1065 Chronographie, ou Description des Tems, 5
en 35 Planches gravées, par Barbeu du Bourg.
Paris, 1753, in-fol.

1066 Le Chronologiste Manuel. Paris, 1766, 1·16
in-12.

HISTOIRE UNIVERSELLE.

1067 Justini ex Trogi Pompeii Historiis externis
libri, cum præfatione Simonis Grinæi de legenda
historia. Lugduni, 1551, in-8. } 1·6
1068 Justini Historiæ Philippicæ, ex recensione
Joan. Georgii Grævii. Amst. 1722, in-16.

1069 Discours sur l'Histoire Universelle, par Jac. 5
Bénigne Bossuet. Paris, 1681, in-4.

3　1070 Le même, continué jusqu'en 1700, par de Barre. *Paris*, 1724, 2 *vol. in-12.*

4. 8　1071 La Bibliotheque Hiftoriale, de Nic. Vignier. *Paris*, 1587, 3 *vol. in-fol.*

2 · 11　1072 Abrégé chronologique de l'Hiftoire Univer-felle, Sacrée & Prophane, trad. du latin du Pere Petau, avec un fupplément, par Collin. *Paris*, 1682, 3 *vol. in-8.*

1073 Le même, trad. par Moreau de Mautour & Dupin, *Paris*, 1715, 5 *vol. in-12.*

3　1074 Hiftoire Univerfelle, trad. de Horace Tur-celin, par Louis Coulon. *Paris*, 1664, 3 *vol. in-12.*

1075 Tréfor Chronologique & Hiftorique, par le Pere Pierre de S. Romuald, Feuillant. *Paris*, 1658, 3 *vol. in-fol.*

2　1076 Hiftoire du Monde, par Urbain Chevreau. *Paris*, 1689, 5 *vol. in 12.*

1077 Tablas Chronologicas, traducidas en lengua Caftellana. *En Mexico*, 1721, *in-8.*

1078 Pratique de la Mémoire artificielle, par le Pere Buffier. *Paris*, 1705, 2 *vol. in-12.*

1079 La même, nouvelle édit. augmentée. *Paris*, 1719, 2 *vol. in-12.*

5　1080 Abrégé de l'Hiftoire Univerfelle, par Claude de Lifle. *Paris*, 1731, 7 *vol. in-12.*

3　1081 Abrégé de l'Hiftoire Univerfelle, par la Croze, avec les notes de Formey. *Gotha*, 1755, *in-12.*

1082 Les Souverains du Monde. *Paris*, 1718, 4 *vol. in 12.*

7　1083 Introduction à l'Hiftoire générale & poli-tique de l'Univers, par le Baron de Pufendorf. *Amft.* 1722, 7 *vol. in-12*

1084 La même , revue & augmentée , par de 48·17
Grace. *Paris*, 1753 , 8 *vol. in*-4.

1085 Hiſtoire Chronologique des Papes , Empe- 2
reurs , Rois, & autres Princes qui ont regné en
Europe , par Malebranche. *Bruxelles*, 1741 , 3
vol. in-12.

1086 Hiſtoire des Empires & des Républiques , 12
par l'Abbé Guyon. *Paris*, 1736, 1741 , 12
vol. in-12.

1087 Tablettes Chronologiques de l'Hiſtoire Sa- 2·15
crée & Profane, par l'Abbé Lenglet du Freſnoy. *Paris*, 1744, 2 *vol. in*-8.

1088 Les mêmes , nouvelle édition augmentée. 9
Paris, 1763 , 3 *vol. in* 8.

1089 Spectacle Hiſtorique , ou Mémorial des 5
principaux événemens de l'Hiſtoire Univerſelle.
Paris, 1764, 2 *vol. in*-8.

1090 Abrégé Chronologique de l'Hiſtoire Uni- 1·9
verſelle. *Amſt.* (*Paris*,) 1757 , *in*-8. *br.*

1091 Hiſtoire Univerſelle Sacrée & Profane, par 30
Hardion , continuée par Henr. Sim. Linguet.
Paris, 1754, 20 *vol. in*-12.

1092 Analyſe Chronologique de l'Hiſtoire Univerſelle. *Paris*, 1752 , *in*-8. *br.*   2·3
1093 Eſſai ſur l'Hiſtoire Univerſelle depuis Charlemagne , par de Voltaire. *Dreſde*, 1754 , 3
vol. in-12.

1094 Hiſtoire générale des Guerres, par le Che- 6·5
valier d'Arcq. *Paris*, 1756 , 2 *vol. in*-4.

1095 Chronologie Hiſtorique , avec des Cartes, 6
en angl. par John. Blair. *Londres*, 1768 , *in-fol.*

1096 Hiſtoire Générale du XIIᵉ. Siecle , par de 5·9
Marigny. *Paris*, 1750, 5 *vol. in*-12.

1097 Les Hiſtoires de J. Sleidan. *Genêve*, 1599 ,
in-fol.   F iv

1098 Pauli Jovii Hiſtoriæ ſui temporis libri , ab anno 1494. ad annum 1547, *Pariſiis* , 1553, 2 *vol. in fol.*

1099 Mélanges hiſtoriques pour ſervir à l'Hiſtoire depuis 1390 juſqu'en 1550. *Troyes* , 1619, *in-8.*

1100 Hiſtoire de M. de Thou, miſe en franç. par Pierre du Ryer. *Paris* , 1659, 3 *vol. in-fol.*

1101 Hiſtoire Univerſelle de Jacques-Auguſte de Thou, trad. du latin, par Prevoſt, des Fontaines & autres. *Londres* , (*Paris* ,) 1734, 16 *vol. in-4.*

1102 Abrégé de la même Hiſtoire, avec des remarques, par Remond de S. Albine. *La Haye* , (*Paris* ,) 1759, 10 *vol. in-12.*

1103 Mémoires de M. de *** pour ſervir à l'Hiſt. du XVII°. Siecle. *Amſt.* (*Paris* ,) 1760, 3 *vol. in-12.*

1104 Mémoires de ce qui s'eſt paſſé dans la Chrétienté depuis 1672 juſqu'en 1679, trad. de l'angl. du Chevalier Temple. *Amſt.* 1711 , *in-8.*

1105 L'Eſpion dans les Cours des Princes Chrétiens. *Cologne & Londres* , 1710 & 1743 , 7 *vol. in-12.*

1106 Mémoires pour ſervir à l'Hiſtoire de l'Europe depuis 1600 juſqu'en 1716 , par le Pere Davrigny. *Paris* , 1725 , 4 *vol. in-12.*

1107 Hiſtoire Politique du Siecle. *Londres* , (*Paris*) 1754 , *in-12.*

1108 Hiſtoire Politique du Siecle depuis la paix de Weſtphalie, juſqu'à la paix d'Aix-la-Chapelle. *Londres* , 1757 , *in-4.*

1109 Mémoires du Comte de Varack , contenant ce qui s'eſt paſſé de plus intéreſſant en Europe depuis 1700, juſqu'en 1748. *Amſt.* (*Paris*) 1751, 3 *vol. in-12.*

HISTOIRE ÉCCLÉSIASTIQUE GÉNÉRALE.

1110 Les Mœurs des Ifraëlites, par Claude Fleury. Paris, 1682, in-12.

1111 Coftumbres de los Ifraelites y de los Chriftianos, trad. della lengua Francefa en el idioma Caftellano. Paris, 1734 & 1738, 2 vol in-12.

1112 Hiftoire de l'Eglife, trad. d'Eufebe, par Coufin Paris, 1686, in-12.

1113 Hiftoire de l'Eglife, par Antoine Godeau. Paris, 1663, 1678, 5 tomes en 3 vol. in-fol.

1114 Hiftoire Eccléfiaftique, par Claude Fleury, avec la continuation, par le P. Fabre. Paris, 1720, 1738, 36 vol. in-12.

1115 Difcours fur l'Hiftoire Eccléfiaftique, par Claude Fleury. Paris, 1724, 2 vol. in-12.

1116 Table des Matieres contenues dans les 36 vol. de l'Hiftoire Eccléfiaftique de Fleury & du Pere Fabre. Paris, 1758, in-4.

1117 Juftification des Difcours & de l'Hift. Eccl. de Fleury. Nancy, 1738, 2 vol. in-12.

1118 Tablettes Chronologiques, contenant l'état de l'Eglife en Orient & en Occident, par Guill. Marcel. Paris, 1709, in-8.

1119 Abrégé Chronologique de l'Hiftoire Eccléfiaftique, par Maquieres. Paris, 1751, 2 vol. in-8.

1120 Abrégé de l'Hiftoire Eccléfiaftique, par Racine. Utrecht, 1748, 13 vol. in-12.

1121 Mémoires Chronologiques & Dogmatiques pour fervir à l'Hiftoire Eccléfiaftique depuis 1600, jufqu'en 1716, par le Pere d'Avrigny. 1720, 4 vol. in-12.

1122 Les Religions du Monde, trad. d'Alexandre

Roff, par Thomas la Grue. *Amft.* 1666, *in-4.*
fig.

1·13 1123 L'Europe Eccléfiaftique, ou Etat du Clergé.
Paris, 1757, *in-12. br.*

HISTOIRE ÉCCLÉSIASTIQUE PARTICULIÉRE.

Hiftoire des Saints, des Martyrs, &c.

1124 La Vie de Pélage, contenant l'hiftoire des
Ouvrages de S. Jérôme & de S. Auguftin contre
les Pélagiens. 1751, *in-12.*

3　1125 Hiftoire de Tertullien & d'Origêne, par de
la Motte. *Paris,* 1675, *in-8,*

1126 La Vie de Ste. Thérèfe, trad. de l'efpagnol,
par de Villefore. *Paris,* 1748, *2 vol. in-12.*

1127 La Vie de S. Dominique, par le P. Touron.
Paris, 1739, *in-4.*

2

1128 La Vie de S. Thomas d'Aquin, par le même.
Paris, 1737, *in-4.*

1129 La Vie de S. Ferdinand, Roi de Caftille.
Paris, 1759, *in 12.*

1130 La Vie de M. de Roffillon de Bernex, Evêque
& Prince de Genêve. *Paris,* 1751, *in-12.*

2·5

Hiftoire des Conciles.

1131 Hiftoire des Conciles, par Godefroi Her-
mant. *Rouen,* 1715, *4 vol. in-12.*

3·19 1132 Hiftoire du Concile de Pife, par Jacques
l'Enfant. *Utrecht,* 1731, *2 vol. in-4.*

4　1133 Hiftoire du Concile de Conftance, par le
même. *Amft.* 1714, *2 tomes en un vol. in-4.*

4　1134 Hiftoire du Concile de Bafle, par le même.
Utrecht, 1731, *2 vol. in-4.*

1·4 1135 Hiftoire du Concile de Trente, trad. de l'ital.

de Pierre Soave Polan, (fra Paolo Sarpi,) par
Jean Diodati. *Paris*, 1665, *in fol.*

1136 Abrégé de l'Hiſtoire du Concile de Trente,
par Pierre Jurieu. *Amſt.* 1683, 2 *vol. in-*12.

1137 Hiſtoire du Concile de Trente, trad. de l'ital.
de fra Paolo Sarpi, avec des notes, par Fr. le
Courayer. *Amſt.* 1736, 2 *vol. in-*4.

Hiſtoire des Papes & des Cardinaux.

1138 Hiſtoire des Papes, par André du Cheſne.
Paris, 1653, 2 *tomes en un vol. in fol.*

1139 Anecdotes Eccléſiaſtiques tirées de l'Hiſtoire
de Naples de Giannone. *Amſt.* 1738, *in-*8.

1140 Hiſtoire de la Papeſſe Jeanne, tirée de la
Diſſertation latine de Spanheim. *La Haye*, 1736,
2 *vol. in-*8. *fig.*

1141 Hiſtoire du Pontificat d'Eugêne III. par
Jean de Lannes. *Nancy*, 1737, *in-*8.

1142 Mémoires hiſtoriques ſur la Vie & la Légende
de Grégoire VII. 1743, 3 *vol. in-*12.

1143 La Vie d'Alexandre VI. & de ſon fils Céſar
Borgia, trad. de l'anglois d'Alexandre Gordon.
Amſt. 1732, 2 *vol. in-*12.

1144 La Vie de Sixte-Quint, trad. de l'ital. de
Gregorio Leti, par le Pelletier. *Paris*, 1700,
2 *vol. in-*12.

1145 Relation de la Cour de Rome faite en 1661,
par Ange Corraro. *Leyde*, 1663.—*Dans le même
vol.* Scandalum Eccleſiæ Romanæ, id eſt Jeſui-
tarum Hæreſis, ſeu Atheiſmus detectus, à Theo-
philo. 1661, *in-*12.

1146 La Vie de Clément XI. par le **P. Lafitau.**
Padoue, 1752, 2 *vol. in-*12.

1147 Hiſtoire de Clément XI. par Reboulet. *Avignon*, 1752, *in-4.*

1148 Hiſtoire de tous les Cardinaux françois de naiſſance, par Fr. du Cheſne. *Paris*, 1660, 2 *vol. in-fol.*

1149 La Vie du Cardinal Commendon, trad. du latin d'Ant. Maria Gratiani, par Flechier. *Paris*, 1702, 2 *vol. in-12.*

1150 Hiſtoire du Cardinal de Granvelle *Paris*, 1761, *in-12. br.*

1151 La Vie du Cardinal de Berulle. *Paris*, 1764, *in-12.*

1152 La Vie du Pere Gondren. *Paris*, 1764, *in-12. br.*

1153 Eloge Hiſtorique du Cardinal Paſſionei. *La Haye*, (*Paris*,) 1763, *in-12. br.*

Hiſtoire des Ordres Religieux , Militaires &
de Chevalerie.

1154 Ordres Monaſtiques, Hiſtoire extraite des auteurs qui ont conſervé à la poſtérité ce qu'il y a de plus curieux dans chaque Ordre. *Berlin*, 1751, 7 *vol. in-12.*

1155 Hiſtoire de l'Ordre des Chartreux & de S. Bruno, par Jacques Corbin. *Paris*, 1653, *in-4.*

1136 Diſſertation apologétique pour le B. Robert d'Arbriſſel, Fondateur de l'Ordre de Fontevrauld , par le P. Soury. *Anvers*, 1701, *in-8.*

1157 Hiſtoire générale de la Réforme de l'Ordre de Cîteaux en France. *Avignon*, 1746, *in-4.*

1158 La même. *Avignon*, 1749, *in-4.*

1159 Hiſtoire des Hommes illuſtres de l'Ordre de S. Dominique , par le P. Touron. *Paris*, 1743, *in-4. tome premier.*

1160 Rodolphi Hospiniani Historia Jesuitica. *Ti-*
guri, 1670, in-fol.

1061 La Vie de M. de Saveuses, Supérieur des
Ursulines de Magny, par J. Marie de Vernon.
Paris, 1678, in-8.

1162 Abrégé de l'Histoire de Port-Royal, par
Jean Racine. *Cologne, 1742, in-12.*

1163 Histoire de la Congrégation des Filles de
l'Enfance. *Amst.* (*Paris,*) *1734, 3 vol. in-12.*

1164 Recit des vertus & de la mort de Madame la
Duchesse de Noailles aux nouvelles Catholiques
de Châlons. *Châlons, 1698, in-12.*

1165 Privilèges des Papes, Empereurs, Rois &
Princes accordés à l'Ordre de S. Jean de Jérusalem, recueillis par le Commandeur d'Eslu-
seaux. *Paris, 1700, in-fol.*

1166 Histoire de Malte, par l'Abbé de Vertot
Paris, 1726, 4 vol. in-4.

1167 Breve & particolare instruzione dell'Ordine
di Malta. *Parigi, 1721, in-8.*

1168 Relation de la Fonction solemnelle de l'Estoc
& du Chapeau, envoyés par Benoît XIII. à
D. Ant. Manoel de Vilhena, grand Maître de
l'Ordre de Malte, en franç. & en ital. *Paris,*
1725, in-4.

1169 La Forme de donner l'Habit aux Chevaliers
de l'Ordre de Malte, par Eustache de Bernart
d'Avernes. *Paris, 1729, in-4.*

Histoire des Hérésies & des Disputes élevées
dans l'Eglise.

1170 Dictionnaire des Hérésies & des Schismes,
par Pluquet. *Paris, 1762, 2 vol. in-8.*

24   1171 Œuvres ou Hiſtoires du P. Louis Maimbourg. *Paris*, 1586 & 168 , 14 *vol. in-4.*

1   1172 Hiſtoire des Flagellans, trad. du latin, de l'Abbé Boileau. *Amſt. (Paris,)* 1 32, *in-12.*

1173 Hiſtoire des Vaudois, contenant leur origine, leur croyance & les perſécutions qu'ils ont ſouffertes, par Paul Perrin. *Genêve*, 1619, *in-8.*

1174 Hiſtoire des Albigeois & des Vaudois, ou Barbets, par le P. Benoît. *Paris*, 1651, 2 *vol. in-12.*

9   1175 Hiſtoire des Révolutions arrivées dans l'Europe en matiere de Religion, par Varillas. *Paris,* 168 , 168 , 6 *vol. in-4.*

4·16 1176 Hiſtoire des Variations des Egliſes Proteſtantes, par Jacq. Benigne Boſſuet. *Paris*, 1688, 2 *vol. in-4.*

1·5 1177 Hiſtoire de la Religion des Egliſes Réformées, par Baſnage. *Roterd.* 1690, 2 *vol. in-8.*

2-7 1178 Hiſtoire de la Réformation de l'Egliſe d'Angleterre, trad. de l'anglois de Burnet, par de Roſemond. *Amſt.* 1687, 4 *vol in-12. fig.*

3·12 1179 Critique générale de l'Hiſtoire du Calviniſme de Louis Maimbourg, par Pierre Bayle. *Villefranche*, 1684, 4 *vol. in-12.*

1180 Avis important aux Refugiés ſur leur prochain retour en France, par Pierre Bayle. *Amſt.* 1690, *in-12.*

3·19

1181 Hiſtoire de l'Edit de Nantes, par Elie Benoît. *Delft*, 1693, 5 *vol. in-4.*

1   1182 Hiſtoire des Anabaptiſtes, contenant leur Doctrine, &c. *Amſt.* 1700, *in-12.*

1·10 1183 Diſſertation ſur les Bulles, contre Baius. *Utrecht*, 1737, 2 *vol. in-12.*

3   1184 Hiſtoire du Janſeniſme, par l'Abbé du Mas. *Amſt.* 1720, 3 *vol. in-12. fig.*

1185 Relation de ce qui s'est passé dans l'affaire de
la paix de l'Eglise sous Clément IX. 1706, 2
vol. in-12.

HISTOIRE PROPHANE. HISTOIRE ANCIENNE.

Histoire des Juifs & des premieres Monarchies.

1186 Histoire du Monde, sacrée & profane, pour
servir d'introduction à l'Histoire des Juifs, de
Prideaux, trad. de l'angl. de Samuel Shuckford.
Paris, 1752, 3 vol. in-12.

1187 Histoire des Juifs, trad. de l'angl. de Prideaux. Amst. 1728, 6 vol. in-12. fig.

1188 L'Histoire & la Religion des Juifs, pour
servir de continuation à l'Histoire de Joseph,
par Basnage. Roterdam, 1706, 6 vol. in-12.

1189 Histoire ancienne des Egyptiens, des Cartaginois, &c. par Charles Rollin. Paris, 1730,
13 tomes en 14 vol. in-12. manquent les deux prem.

1190 Réflexions critiques sur l'Histoire des anciens
peuples, Chaldéens, Hébreux, &c. par Four-
mont. Paris, 1735, 2 vol. in-4.

1191 Mémoires sur l'Egypte ancienne & moderne,
par Danville. Paris, 1766, in-4.

1192 Histoire de Zénobie, par Euvoy de Hau-
teville. Paris, 1758, in-12.

1193 Parallele des Cartaginois & des Anglois.
Paris, 1757, in-12.

1194 Discours sur l'Histoire Moderne. Paris,
1768, in-12.

HISTOIRE GRECQUE.

1195 La Retraite des Dix mille de Xénophon,
trad. du grec, par Nic. Perrot d'Ablancourt.
Paris, 1658, in-8.

6 · 18 **1196** Dictys Cretensis & Dares Phrygius de bello & excidio Trojæ, cum interpretatione & notis Annæ Daceriæ, ad usum Delphini. *Amst.* 1702, *in-4.*

6 · 16 **1197** Les Histoires d'Hérodote, trad. par Pierre du Ryer. *Paris*, 1677, 3 *vol. in-12. fig.*

3   **1198** Recherches & dissertations sur Hérodote, par le Président Bouhier. *Dijon*, 1746, *in-4.*

1 · 14 **1199** Thucididis de Bello Peloponesiaco libri VIII. gr. lat. ex interpretatione Laur. Vallæ, & cum notis Henr. Stephani. *Parisiis*, 1 88, *in fol.*

7 · 10 **1200** Histoire de Thucidide de la Guerre d Péloponese, trad. par Perrot d'Ablancourt. *Paris*, 1714, 3 *vol. in-12.*

2   **1201** Histoire de Philippe, Roi de Macédoine, par Olivier. *Paris*, 1740, 2 *vol. in 12.*

3 · 10 **1202** Histoire de Philippe & d'Alexandre le Grand, par de Bury. *Paris*, 1760, *in-4.*

1 · 14 **1203** Quintus Curtius de rebus gestis Alexandri Magni. *Amst.* 1659, *in-12.*

1204 Idem, cum emendationibus Jani Rutgersii. *Amst.* (*Elzevir*,) 1670, *in-16.*

11 · 19 **1205** Quintus Curtius de rebus gestis Alexandri Magni, cum supplementis Freinshemii, & cum notis Mich. le Tellier, ad usum Delphini. *Parisiis*, 1678, *in-4.*

3   **1206** Quinte Curce, trad. par de Vaugelas. *Paris*, 1680, 2 *vol. in-12.*

5 · 2 **1207** Les Guerres d'Alexandre, par Arian, trad. par Perrot d'Ablancourt. *Paris*, 1664, *in-12.*

1208 Histoire de Grece, trad. de l'anglois de Temple Stanyan. *Paris*, 1743, 3 *vol. in 12.*

1 · 5 **1209** Observations sur les Grecs, par l'Abbé de Mably. *Genève*, 1749, *in-12.*

1210

1210 Difcours fur le Barreau d'Athênes & fur celui de Rome, par l'Abbé le Moine d'Orgival. 1·18 *Paris, 1755, 2 vol. in-12.*

1211 Abrégé de l'Hiftoire Grecque. *Paris, 1764,* 1·19 *in-12.*

Hiftoire Romaine.

1212 Confidérations fur les caufes de la grandeur des Romains, & de leur décadence, par de Montefquieu. *Paris, 1748, in-12.* 3·8

1213 Confidérations fur l'origine & le progrès des Belles-Lettres chez les Romains, & les caufes de leur décadence, par l'Abbé le Moine d'Orgival. *Paris, 1749, in-12.* 1·7

1214 Parallele des Romains & des François par rapport au Gouvernement, par l'Abbé de Mably. *Paris, 1740, 2 vol. in-12.* 3

1215 Traité du Senat Romain, trad. de l'anglois de Middleton. *Montauban, 1753, in-12.* 1·9

1216 Velleius Paterculus, cum notis variorum, edente Ant. Thyfio. *Lugd. Bat. 1653, in-8.* 1·11

1217 Hiftoire de Velleius Paterculus, trad. par Doujat. *Paris, 1672, in-12.*

1218 Abrégé de l'Hiftoire Grecque & Romaine, trad. du lat. du même, par l'Abbé Paul. *Avignon, 1763, in-8.* 2·17

1219 L. Annæi Flori Hiftoria Romana, ex editione Cl. Salmafii. *Lugd. Bat. (Elzevir) 1638, in-12.* 2

1220 L. Annæi Flori Rerum Romanarum Epitome, cum interpretatione & notis Annæ Tanaquilli Fabri Filiæ, ad ufum Delphini. *Parifiis, 1674, in-4.* 6

Hiſtoire Romaine depuis la fondation de Rome juſqu'aux Empereurs.

1221 Titi Livii Hiſtoriæ Romanæ libri omnes. *Francof. ad Mænum,* 1578, *in-fol.*

1222 Titi Livii libri omnes ſuperſtites, primum à Fr. Modio, nunc vero à Jano Grutero emendati. *Francof. ad Mænum,* 1612, *in-fol.*

1223 Hiſtoire de Polybe, trad. du grec, par D. Vincent Thuillier, avec un commentaire & des notes du Chevalier Folard. *Paris,* 1727, 6 *vol. in-4.*

1224 C. Saluſtii Criſpi Opera, cum interpretatione & notis Dan. Criſpini, ad uſum Delphini. *Pariſiis,* 1674, *in-4.*

1225 Caii Saluſtii Criſpi Opera, ex editione Stephani Philippe. *Pariſiis,* 1744, *in-12.*

1226 Eadem Saluſtii Opera. *Londini,* (*Brindley,*) 1744, *in-12.*

1227 Diſcours Hiſt. & Polit. ſur Salluſte, trad. de l'angl. de Gordon. 1759, 2 *vol. in-12.*

1228 Hiſtoire de la Guerre des Romains contre Jugurta, & Hiſtoire de la Conjuration de Catilina, trad. de Salluſte, par l'Abbé le Maſſon. *Paris,* 1713, *in-12.*

1229 Caii Julii Cæſaris Opera. *Londini,* (*Brindley,*) 1744, 2 *vol. in-12.*

1230 Commentaires de Céſar, trad. par Perrot d'Ablancourt. *Paris,* 1670, *in-12.*

1231 Le parfait Capitaine, ou abrégé des Guerres des Commentaires de Céſar, par Henri de Rohan. 1744, *in-12.*

1231 * Hiſtoire Romaine, par Charles Rollin. *Paris,* 1738, 1746, 14 *vol. in-12.*

1232 Histoire Romaine, par les Peres Catrou & 4.1
Rouillé. *Paris*, 1725, 1748, 21 *vol in-4*.

1233 Histoire de la Conjuration de Catilina, où 2.8
l'on a inféré les Catilinaires de Ciceron. *Paris*,
1752, *in-12*.

Histoire Romaine depuis les Empereurs.

1234 Caius Suetonius Tranquillus, cum vita ejus 1.10
ex Angelo Politiano. *Parisiis, ex Typ. Regia*,
1664, *in-12*.

1235 Caii Suetonii Tranquilli Vitæ Cæsarum, ex 1.4
editione Caroli Patini. *Basileæ*, 1675, *in-4*.

1236 C. Suetonii Tranquilli Opera, cum interpretatione & notis Aug. Babelonii, ad usum 14.16
Delphini. *Parisiis*, 1684, *in-4*.

1237 Suétone Tranquille, de la Vie des douze
Césars, trad. par George de la Boutienne. *Lyon*,
1556, *in-4*.

1238 Cornelii Taciti Opera, ex recensione, & 1.11
cum Commentariis Justi Lipsii.—Accedit Velleius Paterculus, cum notis ejusdem. *Antuerpiæ*,
1627, *in-fol*.

1239 Les Annales de Tacite trad. avec des notes 3
politiq. & historiq. par Amelot de la Houssaye.
Paris, 1690, 1709, 4 *vol. in-12*. 3

1240 Traduction de quelques Ouvrages de Tacite,
par l'Abbé de la Bleterie. *Paris*, 1755, 2 *vol*. 4.4
in-12.

1241 Tibere, ou les vi. premiers livres des
Annales de Tacite, trad. par le même. *Paris*, 11
de l'Impr. Roy. 1768, 3 *vol. in-12. fig*.

1242 Dionis Nicæi Rerum Romanarum Epitome,
autore Joan. Xiphilino, & Guill. Blanco inter-
prete. *Parisiis*, 1551, *in-4*.

G ij

1243 Histoire de Dion Cassius, abrégée par Xiphilin. *Paris*, 1674, 2 *vol. in* 12.

1244 Herodiani Historiæ libri VIII. gr. lat. ex interpretatione Angeli Politiani. *Parisiis*, 1581. —*Eod. vol.* C. Julii Solini Polyhistor, restitutus & editus ab Elia Vineto. *Pictavii*, 1554, *in-4.*

1245 Histoire d'Hérodien, trad. du grec, avec des remarques, par l'Abbé de Mongault. *Paris* 1700, *in-*12.

1246 Les Césars de l'Empereur Julien, trad. du grec, par Spanheim, avec les figures par Bernard Picart. *Amst.* 1728, *in-4.*

1247 Les dix-huit livres qui restent d'Ammian Marcellin, trad. par Michel de Marolles. *Paris*, 1672, 3 *vol. in-*12.

1248 Historiæ Augustæ scriptores XV. cum animadversionibus Marci Boxhornii Zuevii. *Lugd. Bat.* 1632, 4 *vol. in-*12.

1249 Historiæ Augustæ scriptores VI. cum notis Isaaci Casauboni, Cl. Salmasii, & Jani Gruteri. *Lugd. Bat.* 1671, 2 *vol. in-*8.

1250 L'Histoire Auguste des six auteurs, trad. avec des remarques, par Michel de Marolles. *Paris*, 1667, *in*-8.

1251 Histoire Romaine, par Nicolas Coeffeteau. *Paris*, 1663, *in-fol.*

1252 Histoire des Empereurs, par le Nain de Tillemont. *Paris*, 1690, 1738, 6 *vol. in-4.*

1253 Histoire des Révolutions de l'Empire Romain, par Linguet. *Paris*, 1766, 2 *vol. in-*12.

1254 Histoire des Empereurs Romains, depuis Auguste jusqu'à Constantin, par Crevier. *Paris*, 1749 & *suiv.* 10 *vol. in*·12.

1255 Abrégé Chronologique de l'Histoire des

1232 Hiſtoire Romaine, par les Peres Catrou &
Rouillé. *Paris*, 1725, 1748, 21 *vol in-4*.
1233 Hiſtoire de la Conjuration de Catilina, où
l'on a inſéré les Catilinaires de Ciceron. *Paris*,
1752, *in-12*.

Hiſtoire Romaine depuis les Empereurs.

1234 Caius Suetonius Tranquillus, cum vita ejus,
ex Angelo Politiano. *Pariſiis*, *ex Typ. Regia*,
1664, *in-12*.
1235 Caii Suetonii Tranquilli Vitæ Cæſarum, ex
editione Caroli Patini. *Baſileæ*, 1675, *in-4*.
1236 C. Suetonii Tranquilli Opera, cum interpretatione & notis Aug. Babelonii, ad uſum
Delphini. *Pariſiis*, 1684, *in-4*.
1237 Suétone Tranquille, de la Vie des douze
Céſars, trad. par George de la Boutienne. *Lyon*,
1556, *in-4*.
1238 Cornelii Taciti Opera, ex recenſione, &
cum Commentariis Juſti Lipſii.—Accedit Velleius Paterculus, cum notis ejuſdem. *Antuerpiæ*,
1627, *in-fol*.
1239 Les Annales de Tacite trad. avec des notes
politiq. & hiſtoriq. par Amelot de la Houſſaye.
Paris, 1690, 1709, 4 *vol. in-12*.
1240 Traduction de quelques Ouvrages de Tacite,
par l'Abbé de la Bleterie. *Paris*, 1755, 2 *vol.*
in-12.
1241 Tibere, ou les VI. premiers livres des
Annales de Tacite, trad. par le même. *Paris*,
de l'Impr. Roy. 1768, 3 *vol. in-12. fig*.
1242 Dionis Nicæi Rerum Romanarum Epitome,
autore Joan. Xiphilino, & Guill. Blanco inter-
prete. *Pariſiis*, 1551, *in-4*.

1243 Histoire de Dion Cassius, abrégée par Xiphilin. *Paris, 1674, 2 vol. in* 12.

1244 Herodiani Historiæ libri VIII. gr. lat. ex interpretatione Angeli Politiani. *Parisiis, 1581.* —*Eod. vol.* C. Julii Solini Polyhistor, restitutus & editus ab Elia Vineto. *Pictavii, 1554, in-4.*

1245 Histoire d'Hérodien, trad. du grec, avec des remarques, par l'Abbé de Mongault. *Paris 1700, in-12.*

1246 Les Césars de l'Empereur Julien, trad. du grec, par Spanheim, avec les figures par Bernard Picart. *Amst. 1728, in-4.*

1247 Les dix-huit livres qui restent d'Ammian Marcellin, trad. par Michel de Marolles. *Paris, 1672, 3 vol. in-12.*

1248 Historiæ Augustæ scriptores XV. cum animadversionibus Marci Boxhornii Zuevii. *Lugd. Bat. 1632, 4 vol. in-12.*

1249 Historiæ Augustæ scriptores VI. cum notis Isaaci Casauboni, Cl. Salmasii, & Jani Gruteri. *Lugd. Bat. 1671, 2 vol. in-8.*

1250 L'Histoire Auguste des six auteurs, trad. avec des remarques, par Michel de Marolles. *Paris, 1667, in-8.*

1251 Histoire Romaine, par Nicolas Coeffeteau. *Paris, 1663, in-fol.*

1252 Histoire des Empereurs, par le Nain de Tillemont. *Paris, 1690, 1738, 6 vol. in-4.*

1253 Histoire des Révolutions de l'Empire Romain, par Linguet. *Paris, 1766, 2 vol. in-12.*

1254 Histoire des Empereurs Romains, depuis Auguste jusqu'à Constantin, par Crevier. *Paris, 1749 & suiv. 10 vol. in-12.*

1255 Abrégé Chronologique de l'Histoire des

Empereurs, par Adrien Richer. *Paris, 1753,* *in-8.*

1256 Vies des Empereurs Tite, Antonin & Marc-Aurele, par Gautier de Sibert. *Paris, 1769, in-12.*

1257 Vie de l'Empereur Julien, par l'Abbé de la Bleterie. *Paris, 1735, 2 tomes en 1 vol. in-12.*

1258 Histoire de l'Empereur Jovien, par le même. *Paris, 1748, 2 vol. in-12.*

1259 Dissertation sur le tremblement de terre & éruptions de feu qui firent échouer le projet formé par l'Empereur Julien de rebâtir le Temple de Jérusalem, trad. de l'anglois de Warburton. *Paris, 1754, 2 vol. in-12.*

1260 Histoire de Théodose le Grand, par Esprit Flechier. *Paris, 1679, in-4.*

1261 Entretiens Historiques sur la Question si l'Empereur Philippe a été Chrétien. *Basle, 1690, in-12.*

1262 De l'Impôt du Vingtiéme sur les Successions, & de l'Impôt sur les Marchandises chez les Romains, par Bouchaud. *Paris, 1766, in-8.*

HISTOIRE BYZANTINE.

1263 Histoire de Constantinople, depuis le règne de l'ancien Justin jusqu'à la fin de l'Empire, par Cousin. *Paris, 1672, 8 vol. in-4.*

1264 Histoire du Bas Empire, par le Beau. *Paris, 1757 & suiv. 14 vol. in-12. manque le 13e.*

1265 Histoire de l'Empire Ottoman, par Démétrius Cantimir, traduit par de Joncquieres. *Paris, 1743, in-4.*

1266. Hiſtoire générale des Goths, trad. du latin de Jornandes, par l'Abbé Drouet de Maupertuy. *Paris*, 1703, *in-12*.

1267 Hiſtoire des Guerres faites par l'Empereur Juſtinien contre les Vandales & les Gots, trad. du grec de Procope & d'Agathias, avec des notes, par Mart. Fumée. *Paris*, 1587, *in-fol*.

HISTOIRE DE FRANCE.

Traités préliminaires pour l'étude de l'Hiſtoire de France.

1268 Bibliothéque des Auteurs de l'Hiſtoire & Topographie de la France, par André du Cheſne. *Paris*, 1627, *in-8*.

1269 Iſagoge in notitiam Hiſtoriæ Gallicæ, ex editione J. Alb. Fabricii. *Hamburgi*, 1708, *in-8*.

1270 Notice des Diplomes, des Chartes & des Actes relatifs à l'Hiſt. de France, par Labbé de Foy. *Paris, Impr. Roy.* 1765, *in-fol*.

1271 Bibliothéque Hiſtorique de la France, par Jacq. le Long. *Paris*, 1719, *in-fol*.

1272 Joh. Limnæi Notitia Regni Francici. *Argentorati*, 1655, 2 *vol. in-4*.

1273 L'Hiſtoire des Hiſtoires, par de la Popeliniere. *Paris*, 1599, *in-8*

1274 Recueil de divers Ecrits pour ſervir d'éclairciſſemens à l'Hiſtoire de France, par l'Abbé le Beuf. *Paris*, 1738, 2 *vol in-12*. *fig*.

Traités ſur l'origine & l'établiſſement de la Monarchie Françoiſe.

1275 Hiſtoire critique de l'établiſſement de la Monarchie Françoiſe dans les Gaules, par l'Abbé Dubos. *Paris*, 1734, 3 *vol. in-4*

1276 Observations sur l'Histoire de France, par l'Abbé de Mably. *Genêve, (Paris,) 1765, 2 vol. in-12.*

1277 Trois Dissertations sur la véritable époque de l'établissement des Franço dans les Gaules, par Biet, le Beuf & Ribauld. *Paris, 1736. in-12.*

1278 Dissertation dans laquelle on recherche depuis quel tems le nom de France a été en usage pour désigner cette partie des Gaules, par l'Abbé le Beuf. *Paris, 1740, in-12.*

1279 Les Antiquités de la Maison de France, par Gilbert Charles le Gendre, Marquis de S. Aubin. *Paris, 1739, in-4.*

1280 Histoire de France & l'origine de la Maison Royale, par Adrien Jourdan. *Paris, 1679, 3 vol. in-4.*

1281 Dissertation pour servir à l'Histoire des premiers tems de la Monarchie Françoise. *Colmar, 1754, in-12.*

1282 Nouvelles Recherches sur la France. *Paris, 1766, 2 vol. in-12.*

1283 Usages & Mœurs des François, par Poullin de Lumista. *Lyon, 1769, 2 vol. in-12.*

1284 Les Monumens de la Monarchie Françoise, par D. Bern. de Montfaucon. *Paris, 1729, 5 vol. in-fol. gr. pap.*

Géographie de la France.

1285 Notice de l'ancienne Gaule, par Danville. *Paris, 1760, in-4.*

1286 Description de la France, par Louis du Four de Longuerue. *Paris, 1722, in-fol.*

4.　　1287 Délices de la France. *Amst.* 1699 ; 2 vol, *in*-12. *fig.*

10　　1288 Atlas Hist. Géogr. & Chron. de la France ancienne & moderne dressé pour l'intelligence de l'Abrégé Chronol. du Président Hénault , par Rizzi Zannoni. *Paris, 1764, in*-4.

Histoire Générale de France.

175　　1289 Recueil des Historiens des Gaules & de la France, donné par D. Martin Bouquet. *Paris, 1738 & suiv.* 8 *vol. in fol.*

1. 17　1290 Mémoires de S. Remi, contenant ce qui s'est passé de plus mémorable depuis l'établissement de la Monarchie jusqu'en 752. *La Haye, 1716,* 2 *vol. in*-12,

4. 4　1291 Histoire de France jusqu'à la fin de la IIe. Race, par de Cordemoy. *Paris , 1685,* 2 *vol. in-fol.*

7. 4　1292　Œuvres de Cl. Fauchet. *Paris, 1610, in*-4,

2. 13　1293 Histoire Générale des Rois de France jusqu'à Louis XI. par Bern. de Girard du Haillan. *Paris, 1627,* 2 *vol. in-fol.*

3. 12　1294 Les Chroniques & Annales de France, par Nic. Gilles. *Paris, 1621, in-fol.*

2.　　1295　Pauli Æmilii libri de rebus gestis Francorum. *Lutetiæ,* 1550, *in-fol.*

1　　1296 Sommaire de l'Histoire des François depuis le commencement de la Monarchie, jusqu'en 1515, extraite de la Bibliothéque de Nic. Vignier. *Paris, 1579, in-fol.*

　　1297 La Chronique des Rois de France, depuis Pharamond jusqu'en 1549, *Paris ,*1549. *in*-8,

　　1298 Histoire de France depuis Pharamond jusqu'en 1599, par J. R. de Prade. *Paris, 1652, in*-4,

1299 Histoire de France, par Scipion Dupleix. *Paris*, 1639, 4 *vol. in-fol.*

1300 Histoire de France, par François Eudes de Mezeray. *Paris. Guillemot*, 1643 *& suiv.* 3 *vol. in-fol. m. r.*

1301 Abrégé de l'Histoire de France, par le même. *Paris*, 1668, 3 *vol. in-4.*

1301 Le même. *Amst.* (*Paris*,) 1740, 10 *vol. in-12. Manque le tome 8.*

1303 Histoire de France sous les règnes de Louis XIII. & de Louis XIV. pour servir de suite à celle de Mezerai. *Amst.* (*Paris*,) 1734, 3 *vol. in-12.*

1304 Recueil des Rois de France, leur Couronne & Maison, &c. par Jean du Tillet. *Paris*, 1618, *in-4.*

1305 Histoire de l'origine & des progrès de la Monarchie Françoise, par Guill. Marcel. *Paris*, 1686, 4 *vol. in-12.*

1306 Histoire de France, par le Pere Daniel. *Paris*, 1713, 3 *vol. in-fol.*

2307 La même, augmentée, par le P. Griffet. *Paris*, 1755, 17 *vol. in-4.*

1308 Abrégé de l'Histoire de France, par le Pere Daniel. *Paris*, 1731, 9 *vol. in-12.*

1309 Abrégé de l'Histoire de France, par le Comte de Boullainvilliers. *La Haye*, 1733, 3 *vol. in-12.*

1310 Histoire de France jusqu'à la fin du règne de Louis XIII. par le Pere Chalons. *Paris*, 1720, 3 *vol. in-12.*

1311 Nouvelle Histoire de France jusqu'à la mort de Louis XIII, par Louis le Gendre. *Paris*, 1719, 8 *vol. in-12.*

1312 Les mémorables Journées des François ; par le Pere Ant. Girard. *Paris*, 1647, *in-4. fig.*

1313 Victoires mémorables des François , par Allais , *Paris* , 1754, 2 *vol. in* 12.

1314 Histoire des Rois de France jusqu'au règne de Louis XIV. réduite en abrégé , par le Pere Labbe. *Paris*, 1667, *in-12.*

1315 Abrégé de l'Histoire de France, en vers, par de Berigny. *Paris*, 1679, *in-12.*

1316 Instruction sur l'Histoire de France & Romaine , par l'Abbé le Ragois. *Paris*, 1712, *in-12.*

1317 L'Histoire de France & l'Histoire Romaine par demandes & réponses, par l'Abbé des Fontaines. *Paris*, 1749, 2 *vol. in-12.*

1318 Histoire des Révolutions de France, par de la Hode. *La Haye* , 1738, 4 *vol. in-12.*

1319 Histoire de France , par l'Abbé Velly , continuée par Villaret & l'Abbé Garnier. *Paris*, 1755, & *suiv.* 20 *vol. in* 12.

1320 Plan de l'Histoire générale & particuliere de France, par l'Abbé Lenglet du Fresnoy. *Paris*, 1753, 3 *vol. in-12.*

1321 N. Abrégé de l'Histoire de France à l'usage des jeunes gens. *Avignon* , 1763 , *in-12.*

1322 Variations de la Monarchie Françoise, par Gautier de Sibert. *Paris* , 1765, 2 *vol. in-12.*

Histoire particuliere des Rois de France.
Histoire des Rois de la premiere &
de la seconde Race.

1323 Sti. Gregorii Turonensis Episcopi Opera Omnia , cum notis Theodorici Ruinart. *Parisiis* , 1699 , *in-fol.*

1324 L'Histoire des François , de S. Grégoire ;

Evêque de Tours, avec le supplément de Fredegaire, traduite par l'Abbé de Marolles. *Paris,* 1668, *in-8.*

1325 Mémoires & Histoires sur le règne des trois Dagobert, par P. Berain. *Strasbourg,* 1717, *in-8.*

1326 Histoire du règne de Charlemagne, par de la Bruere. *Paris,* 1745, 2 *vol. in-12.*

1327 De l'état des Sciences dans l'étendue de la Monarchie françoise sous Charlemagne, par l'Abbé le Beuf. *Paris,* 1734, *in-12.*

1328 Quel fut l'état des personnes en France sous la premiere & la deuxieme Race de nos Rois, par l'Abbé de Gourcy. *Paris,* 1769, *in-12.*

1329 Differtation sur l'état du Commerce en France sous les Rois de la premiere & la seconde Race, par l'Abbé Carlier. *Paris,* 1753, *in-12.*

Histoire des Rois de la troisiéme Race jusqu'à la Branche de Valois.

1330 L'Héritiere de Guyenne, ou l'Histoire d'Eléonore, fille de Guillaume dernier Duc de Guyenne, par Isaac de Larrey. *Roterd.* 1691, *in-8.*

1331 Histoire de Suger, Ministre sous le règne de Louis le Jeune. *Paris,* 1721, 3 *vol. in-12.*

1332 Histoire de Philippe Auguste, par Baudot de Juilly. *Paris,* 1745, 2 *vol. in-12.*

1333 Histoire de Constantinople, par Geoffroy de Villehardouin, donnée par Dufresne du Cange. *Paris,* 1657, *in-fol.*

1334 Mémoires de J. sire de Joinville sous le règne de S. Louis. *Paris,* 1666, *in-12.*

1335 Hiftoire de S. Louis, par de Joinville, donnée par Ch. du Frefne du Cange. *Paris, 1668, in-fol.*

1336 La même, nouv. édit. publiée d'après les Mff. de la Bibliothéque du Roi, avec un gloffaire. *Paris, de l'Imp. Roy. 1761, in-fol.*

1337 Hiftoire de S. Louis, par Filleau de la Chaife. *Paris, 1688, 2 vol. in-4.*

1338 La Vie de S. Louis, par l'Abbé de Choify. *Paris, 1690, in-4.*

1339 La Minorité de S. Louis, avec l'Hiftoire de Louis XI. & de Henri II. par Ant. de Varillas. *La Haye, 1697, in-12.*

1340 Blanche, Infante de Caftille, mere de S. Louis, Reine & Régente de France, par le Baron d'Auteuil. *Paris, 1644, in-4.*

1341 Gefta Dei per Francos, five Orientalium expeditionum & regni Francorum Hierofolimitani Hiftoria, edente Joanne Francifco Bongarfio. *Hanoviæ, 1611, 2 tomes en un vol. in-fol.*

1342 Hiftoire du Différend d'entre le Pape Boniface VIII. & Philippe le Bel, par Pierre Dupuy. *Paris, 1655, in-fol.*

1343 Traités concernant l'Hiftoire de France, favoir la condamnation des Templiers, &c. par Pierre Dupuy. *Paris, 1700, in-12.*

Branche des Valois jufqu'à Louis XII.

1344 Hiftoire de Bertrand du Guefclin, Connétable de France, par Claude Menard. *Paris, 1618, in-4.*

1345 Hiftoire & Chronique mémorable de Jehan Froiffart, depuis 1326 jufqu'en 1400, avec les notes, de Denis Sauvage. *Paris, 1574, in fol.*

1346 Chroniques d'Engueran de Monstrelet, depuis 1400, jusqu'en 1516, avec des annotations, de Denis Sauvage. *Paris, 1572, 2 vol. in-fol.*

1347 Histoire de Charles VI, par Jean Juvenal des Ursins, avec les notes de Denis Godefroy. *Paris, 1653, in-fol.*

1348 Histoire de Charles VI. par J. le Laboureur. *Paris, 1663, 2 vol. in-fol.*

1349 Histoire de Charles VII. par Jean Chartier, Jacq. le Bouvier & Mathieu de Coucy, donnée par Denis Godefroy. *Paris, 1661, in-fol.*

1350 Mémoires pour servir à l'Histoire de France & de Bourgogne, contenant un Journal de Paris sous Charles VI. & Charles VII, depuis 1408, jusqu'en 1449. *Paris, 1729, in-4.*

1351 Œuvres d'Alain Chartier, enrichies d'annotations, par André du Chesne. *Paris, 1617, in-4.*

1352 Histoire de Charles VII. par Baudot de Juilly, *Paris, 1697, 2 vol. in--12.*

1353 Histoire de Jeanne d'Arc, ou la Pucelle d'Orléans, par Lenglet du Fresnoy. *Paris, 1753, 3 part. en 2 vol. in-12.*

1354 Problême historique sur la Pucelle d'Orléans, par Pelluche. *Orléans, 1749, in-12.*

1355 Histoire de Louis XI. par Varillas. *Paris, 1689, 2 vol. in-4.*

1356 Mémoires de Philippe de Commines, avec les observations de Denis Godefroy. *Paris, 1649, in-fol.*

1357 Les mêmes. *Bruxelles, 1706 & 1713, 4 vol. in-8.*

1358 Histoire de Louis XI. par Duclos, avec un

Recueil de pieces servant de suite. *Paris*, 1745 & 1746, 4 *vol. in-12.*

7 . 19 **1359** Histoire & Regne de Louis XI. par Mlle. de Luſſan. *Paris*, 1755, 6 *vol. in-12.*

2 - 16 **1360** Mémoires d'Olivier de la Marche. *Louvain*, 1645, *in-4.*

2 - 4 **1361** Histoire de Charles VIII. par Cl. de Jaligny, André de la Vigne & autres, donnée par Denis Godefroy. *Paris*, 1684, *in-fol.*

1362 Histoire de Charles VIII. par Varillas. *Paris*, 1691, *in-4.*

7 . 6 **1363** Histoire de la Ligue faite à Cambray, par l'Abbé Dubos. *Paris*, 1728, 2 *vol. in-12.*

Branche d'Orléans Valois juſqu'à Henri IV.

7 . 12 **1364** Lettres de Louis XII. & du Cardinal d'Amboiſe. *Bruxelles*, 1712, 4 *vol. in-12. fig.*

2 - 8 **1365** Histoire de Louis XII. par Varillas. *Paris*, 1688, 3 *vol. in-4.*

2 . 13 **1366** Histoire de Louis XII. *Paris*, 1755, 3 *vol. in-12.*

4 **1367** Vie du Cardinal d'Amboiſe, premier Miniſtre de Louis XII, par Louis le Gendre. *Amſt.* 1726, 2 *vol. in-12.*

4 . 15 **1368** Histoire du Chevalier Bayard, (P. de Terail) par Louis Videl. *Grenoble*, 1650, *in-8.*

3 **1369** Les Mémoires de Martin & Guill. du Bellay. *Paris*, 1569, *in-fol.*

10 . 4 **1370** Les mêmes, avec des notes, par l'Abbé Lambert. *Paris*, 1753, 8 *vol. in-12.*

1 . 5 **1371** Arnoldi Ferroni de rebus geſtis Gallorum libri ix. *Pariſiis*, 1555, *in-8.*

2 **1372** Histoire de François Ier. par Varillas. *Paris*, 1685, 2 *vol. in-4.*

1373 Histoire de François Ier. par Gaillard. *Paris,* 13 - 4
1766, 7 *vol. in-12.*

1374 Histoire & Règne de Henri II. par l'Abbé 1 - 17
Lambert. *Paris,* 1755, 2 *vol. in-12.*

1375 Lettres & Mémoires d'Etat, par Guillaume 3 - 19
Ribier. *Paris,* 1666, 2 *vol. in-fol.*

1376 Histoire générale des Guerres de Piémont, 2
Savoye, Mantoue & Duché de Milan, par
Claude Malingre. *Paris,* 1630, 2 *vol. in-8.*

1377 Histoire de Henri II. & de François II. 2
par Varillas. *Paris,* 1691, 1692, 2 *vol. in-4.*

1378 Histoire de l'état de la France, tant de la
République que de la Religion sous le règne 1
de François II, par de la Planche. 1576, *in-8.*

1379 Commentaires de l'Etat, de la Religion &
République sous les Rois Henri & François II. 15
& Charles IX, par Pierre de la Place. 1565,
in-8.

1380 Mémoires de Condé, avec des notes, par 7 4
Lenglet du Fresnoy. *Londres, (Paris,)* 1743,
6 *vol. in-4.*

1381 Mémoires de la troisiéme guerre Civile &
des derniers troubles de France sous Charles IX. 1 - 10
par Jean de Serres. 1570, *in-8.*

1382 Mémoires de Michel de Castelnau. *Bruxelles,* 24
1731, 3 *vol. in-fol.*

1383 Mémoires de la Vie de Fr. de Scepeaux,
sire de la Vieilleville, Maréchal de France, par 8
Vincent Carloix. *Paris,* 1757, 5 *vol. in-8.*

1384 Les Vies de Fr. de Beaumont, Baron des
Adrets, de Charles du Puy de Montbrun, & de 1 - 16
Joffrey de Calignon, par Gui Allard. *Grenoble,*
1675, *in-12.*

1385 Mémoires de Gaspard de Coligny, Amiral 1 - 16
de France. *Paris,* 1665, *in-12.*

1386 La Vie de Gaſpard de Coligny, par Gatien Sandras de Courtilz. *Cologne, 1686, in-12.*

1387 Mémoires de Gaſpard de Saulx de Tavanes, Maréchal de France. *Paris, 1 vol. in-fol.*

1388 La vraie & entiere Hiſtoire des troubles & guerres civiles advenues de notre tems pour le fait de la Religion, par J. le Frere de Laval. *Paris, 1557, in-8.*

1389 Mémoires de l'état de France ſous Charles IX. *Meidelbourg, 1578 & 1579, 3 vol. in-8.*

1390 Hiſtoire de Charles IX, par Varillas. *Paris, 1686, 2 vol. in-4.*

1391 Hiſtoire des neuf Rois Charles, contenant la fortune, vertu & heur fatal des Rois qui ſous ce nom de Charles ont mis fin à des choſes merveilleuſes, par Fr. de Belleforeſt. *Paris, 1568, in-fol.*

1392 Commentaires de Blaiſe de Montluc, Maréchal de France. *Paris, 1746, 4 vol. in-12.*

1393 Les Lettres de Paul de Foix, Archevêque de Toloſe, & Ambaſſadeur pour le Roi auprès du Pape Grégoire XIII. *Paris, 1628, in-4.*

1394 Conférence chrétienne de quatre Docteurs & trois Avocats ſur le fait de la Ligue. *1586, in-8.*

1395 Remontrances au Roi Henri III. par un ſien Officier & ſujet, ſur les déſordres & miſeres de ſon Royaume, par Nic. Roland. *1588, in-8.*

1396 Hiſtoire des derniers troubles de France ſous Henri III. & Henri IV. juſqu'en 1589. *Lyon, 1597, 2 vol. in-8.*

1397 Journal de Henri III. par de l'Etoile. *Cologne, 1720, 2 tom. en 3 vol. in-8.*

1398

1398 Description de l'Isle des Hermaphrodites, par Artus Thomas, avec des remarques, par le Laboureur. *Cologne, 1724, in-8.* 3

1399 La Fortune de la Cour, ou Discours sur le bonheur & le malheur des Favoris. *Paris, 1644, in-8.* 1

1400 Recueil de Mémoires & Instructions servant à l'Histoire de France, depuis 1586. jusqu'en 1591. *Paris, 1626, in-4.* 1

1401 Histoire de Henri III. par de Varillas. *Paris, 1694, 2 vol. in-4.* 2 · 8

1402 Satyre Menippée, de la tenue des Etats de Paris en 1593, avec des remarques de P. du Puy. *Ratisbone, 1664, in-12.* 2 · 9

1403 La même Satyre Menippée, nouvelle édition augmentée. *Ratisbone, 1726, 3 vol. in-8.* 11 · 19

1404 Escript de l'Évêque de S. Brieu, contenant les raisons qui l'ont retenu en l'union des Catholiques contre la partialité des Hérétiques. *Dinan, 1593, in-8.* 1

1405 Bref Discours de la Guerre émue entre le Roi de France & le Duc de Savoye. *Grenoble, 1593, in-8.*

1406 Mémoires de Louis de Gonzague Duc de Nevers, par de Gomberville. *Paris, 1665, 2 vol. in-fol.* 13 · 3

1407 Historia delle Guerre Civili di Francia, di Henrico Caterino Davila. *Lione, 1641, in-4.*

1408 Histoire des Guerres Civiles de France, traduite de l'italien de Davila, par J. Baudoin. *Paris, 1647, in-fol.* 2

1409 La même, traduite par l'Abbé Mallet avec des notes. *Amst. (Paris.) 1757, 3 vol. in-4.* 13 · 19

1410 Histoire de Jacques de Matignon, Marécha 1 · 11

de France, par le Cailliere. *Paris,* 1661, *in fol.*

18 1411 Mémoires de la Ligue sous Henri III. &
Henri IV, par Simon Goulart. 1595 à 1602,
6 *vol. in-8.*

9 1412 L'Esprit de la Ligue, ou Histoire politique des Troubles de France pendant les XVIe
& XVIIe. Siecles, par le P. Anquetil. *Paris,*
1767, 3 *vol. in-12.*

2 1413 Mémoires de Bellievre & de Silleri. *La Haye,*
1696, 2 *vol. in-12.*

6 1414 Lettres de Nic. de Neufville de Villeroy,
écrites au Maréchal de Matignon, depuis 1581,
jusqu'en 1596. *Montelimart,* 1749, *in-12.*

1415 Mémoires d'Etat, par M. de Villeroy, avec
la suite. *Paris,* 1665, 4 *vol. in-12.*

1 1416 Mémoires pour servir à l'Histoire de Henri
III. & Henri IV. dits les Mémoires d'Angou-
lême. *Paris,* 1667, *in-12.*

2-16 1417 Mémoires d'Etat sous le règne de Henri III.
& Henri IV, par de Cheverny. *La Haye,* 1669,
2 *vol. in-12.*

3 1418 Lettres d'Arnauld, Cardinal d'Ossat, depuis
1584, jusqu'en 1603, avec les notes d'Amelot
de la Houssaye. *Paris,* 1698, 2 *vol. in-4.*

Branche de Bourbon. Règne de Henri IV.

5 1419 Histoire de France & des choses mémorables
advenues aux Provinces étrangeres sous le règne
de Henri IV, par Pierre Mathieu. *Paris,* 1605,
2 *vol. in-4.*

15 1420 Mémoires de Maximilien de Béthune, Duc
de Sully. *Amst.* 1649, 2 *vol. in fol.*

20-2 1421 Les mêmes Mémoires de Sully, avec des

remarques de l'Abbé de l'Eclufe. *Londres ,
(Paris,)* 1745 , 3 *vol. in-4.*

1422 Les Négociations du Préfident Jeannin ;
depuis 1607, jufqu'en 1610. *Paris,* 1656, *in-fol.*   12

1423 Lettres latines de M. de Bongars, Ambaffa-
deur fous le Roi Henri IV. traduites en françois.
Paris, 1668, 2 *vol. in-12.*   1

1424 Hiftoire Univerfelle du fieur d'Aubigné.   15
Maillé, 1616, 1620, 3 *vol. in-fol.*

1425 Mémoires pour fervir à l'Hiftoire de France,
depuis 1515 , jufqu'en 1611 , par Pierre de
l'Etoile. *Cologne,* 1719, 2 *vol. in-8.*   9 · 15

1426 Journal du Règne de Henri I V, par Pierre
de l'Etoile, avec le fupplément. 1732 & 1736,
4 *tomes en* 2 *vol. in-8.*   6 · 5

1427 Le même Journal de Henri IV, nouvelle
édition. *La Haye,* 1741 , 4 *vol. in-8.*   15 · 19

1428 Hiftoire de Henri le Grand , par Hardouin
de Perefixe. *Paris,* 1681 , *in-12.*   2 · 10

1429 Hiftoire de la Vie de Henri IV, par de Bury.
Paris , 1765, 2 *vol. in-4.*   6

1430 Ambaffades d'Antoine le Fevre de la Bo-
derie, depuis 1606, jufqu'en 1611. *Paris,* 1750,
5 *vol. in-12.*   4 · 19

1431 Les Ambaffades & Négociations du Cardinal
du Perron, recueillies par Céfar de Ligny. *Paris,*
1623 , *in-fol.*   1 · 6

1432 Hiftoire de la Mere & du Fils, c'eft-à-dire
Marie de Médicis mere de Louis XIII , par Mezeray. *Amft.* 1730 , 2 *vol. in-12.*   4

1433 Recueil de Pieces du tems fur le Règne de
Henri IV, dont le Miroir du tems paffé à l'ufage
du préfent, &c. *in-8.*   1

1434 Recueil de Pieces les plus curieufes qui ont   2

été faites pendant le Règne du Connétable de Luyne. 1625, *in-8.*

1435 Les Aventures du Baron de Foeneste, par Théod. Agrippa d'Aubigné. *Cologne,* 1729, 2 *vol. in-8.*

1436 Mémoires de la Vie de Théodore Agrippa d'Aubigné. *Amst.* 1731, *2 tomes en 1 vol. in-12.*

1437 Vie du Duc de Bouillon, où l'on trouve ce qui s'est passé de remarquable sous François II, Charles IX, Henri III, Henri IV, & pendant la Minorité de Louis XIII. *Amst.* 1726, *2 vol. in-12.*

1438 Chronologie Novenaire, par Pierre Victor Palma Cayet. *Paris,* 1608, *3 vol. in-8.*

1439 Chronologie Septenaire, par le même. *Paris,* 1606, *in-8.*

1440 Mercure François, par Jean Richer, Malingre & Théophile Renaudot. *Paris,* 1613, 1648, *25 vol. in-8.*

Règne de Louis XIII.

1441 Mémoires de Deageant. *Grenoble,* 1668, *in-12.*

1442 Histoire du Connétable de Lesdiguieres, par Louis Videl. *Paris,* 1666, *2 vol. in-12.*

1443 Mémoires du Duc de Rohan. 1646, *in-12.*

1444 Mémoires & Lettres de Henri Duc de Rohan, sur la guerre de la Valteline. *Genève,* (*Paris,*) 1758, *3 vol. in-12.*

1445 Mémoires du Marquis de Montbrun, depuis 1600, jusqu'en 1632, par Gatien de Courtilz. *Amst.* 1701, *in-12.*

1446 Recueil de divers Mémoires servant à l'Histoire de notre tems. *Paris,* 1623, *in-4.*

1447 Le Mercure Suiffe. *Paris*, 1634, *in-8.*
1448 Mémoires du Duc d'Orléans, depuis 1608, jufqu'en 1636, publiés par Et. Algai de Marti-gnac. *La Haye*, 1685, *in-12.* } 1
1449 Hiftoire de la Vie de Charles de Crequi de Blanchefort, Duc de Lesdiguieres, par Nic. Charier. *Grenoble,* 1684, *2 tomes en 1 vol. in-12.* 1
1450 Mémoires de Montrefor. *Cologne,* 1723, *2 vol. in-12.* 2·10
1451 Vie du Cardinal de Richelieu, par le Clerc. *Cologne,* 1695, *2 vol. in-12.* 3
1452 Mémoires pour l'Hiftoire du Cardinal de Richelieu, recueillis par Aubery. *Paris*, 1660, *2 vol. in-fol.* 4·12
1453 Hiftoire du Cardinal de Richelieu, par Aubery, avec fon Teflament. *Paris*, 1660, *in-fol.* 2·15
1454 Anecdotes du Miniftere du Cardinal de Richelieu, trad. de l'italien de Siri, par de Valdory. *Amft.* 1717, *2 vol. in-12.* 1·19
1455 Teftament Politique du Cardinal de Richelieu. *Amft.* 1688 & 1689, *3 tomes en 2 vol. in-12.* 1·10
1456 Lettre fur le Teftament Polit. de Richelieu, (par de Foncemagne. *Paris,*) 1750, *in-12.* 1·10
1457 Mémoires de M .de Montchal, Archevêque de Touloufe. *Roterdam,* 1718, *2 vol. in 12.* 1·12
1458 Parallele du Cardinal de Richelieu & du Cardinal de Mazarin, par l'Abbé Richard. *Paris*, 1716, *in-12.* 1·12
1459 Hiftoire des Diables de Loudun, & de la condamnation d'Urbain Grandier. *Amft.* 1715, *in-12.* 2
1460 Hiftoire du Pere Jofeph, Capucin, par Richard. *Paris,* 1702, *2 vol. in-12.* 4·8

1461 Hiſtoire de Louis XIII , par Scipion Du pleix. *Paris, 1654, in-fol.*

1462 Hiſtoire de Louis XIII , par Michel le Vaſſor. *Amſt. (Paris,) 1757, 6 vol. in-4.*

1463 Hiſtoire de la Vie de Louis XIII, par de Bury. *Paris, 1768, 4 vol. in-12.*

1464 Hiſtoire Militaire du Règne de Louis XIII, par Ray de S. Geniés. *Paris, 1755, 2 tomes en 1 vol. in-12.*

1465 Diverſes Pieces pour la défenſe de la Reine, mere de Louis XIII, par Mathieu de Morgues de S. Germain. *Paris, in-fol.*

Règne de Louis XIV.

1466 Mémoires de M. D. L. R. ſur les brigues à la mort de Louis XIII, les guerres de Paris & de Guyenne, & la priſon des Princes. *Cologne, 1717, in-12.*

1467 Mémoires pour ſervir à l'Hiſtoire d'Anne d'Autriche, mere de Louis XIV, par Madame de Motteville. *Amſt. 1723, 5 vol. in-12.*

1468 Hiſtoire de Jean Bapt. Budes de Gueſbriant, Maréchal de France. *Paris, 1657, in-fol.*

1469 Relation des Campagnes de Rocroi & de Fribourg en l'année 1643 & 1644, par Henri de Beſſé. *Paris, 1673, in-12.*

1470 Négociations à la Cour de Rome & en différentes Cours d'Italie, de Henri Arnauld. *5 vol. in-12.*

1471 Mémoires de François de Baſſompiere. *Cologne, 1692, 2 vol. in-12.*

1472 Hiſtoire du Traité de Weſtphalie , ou des Négociations qui ſe firent à Munſter & à Oſna-

brug pour établir la paix entre toutes les puiſ-
ſances de l'Europe, par le Pere Bougeant. *Paris,*
1727, 1744, 3 vol. in-4.

1473 Mémoires de Lenet, Conſeiller d'état, concernant les Guerres Civiles de 1649. *1729, 2*
vol. in-12.

1474 Eclairciſſemens de quelques difficultés touchant l'adminiſtration du Cardinal Mazarin, par
de Silhon. *Paris, 1650, in-fol.*

1475 Mémoires de l'Abbé Arnauld, depuis 1634,
juſqu'en 1650. *Amſt. 1756, 3 vol. in-12.*

1476 Les Affaires de France & d'Autriche. (*Holl.*)
1649. in-12.

1477 Mémoires ſecrets de la Cour de France,
contenant les intrigues du Cabinet depuis 1648,
juſqu'en 1651. *Amſt. 1733, 3 vol. in-12.*

1478 Benjaminis Prioli Hiſtoriæ de rebus gallicis
ab exceſſu Ludovici XIII. *Corolopoli, 1665,*
in-4.

1479 Hiſtoire de la priſon & de la liberté de M.
le Prince. *1651, in-4.*

1480 Mémoires de Madame la Ducheſſe de Ne-
mours, contenant ce qui s'eſt paſſé pendant la
guerre de Paris, juſqu'à la priſon du Cardinal
de Retz. *Cologne, 1709, in-12.*

1481 Mémoires de Pontis. *Paris, 1715, 2 vol.*
in-12.

1482 Mémoires de Michel de Maroles, avec des
notes hiſtoriques & critiques, par l'Abbé Goujet.
Amſt. (Paris,) 1755, 3 vol. in-12.

1483 Mémoires d'Omer Talon, depuis 1631,
juſqu'en 1653. *La Haye, 1732, 8 vol. in-12.*

1484 Mémoires du Comte de Rochefort, par Gatien Sandras de Courtilz. *La Haye, 1707, in 12.*

1   1485 Mémoires de Jacques de Chaftenet de Pui-
ségur, depuis 1617, jufqu'en 1658, donnés par
Duchefne. *Paris*, 16,0, *in-*12.

6   1486 Mémoires de Jean-François-Paul de Gondy,
Cardinal de Retz. *Amft* 1717, 6 *vol. in-*12.

9   1487 Les mêmes, nouvelle édition augmentée.
Genêve, (*Paris*,) 1751, - *vol. in* 12.

1. 6 1488 Hiftoire des Négociations & du traité de paix
des Pyrenées, par Courchetet. *Amft.* 1750. 2
*vol. in-*12.

3   1489 Vie du Maréchal Fabert, par le P. Barre.
Paris, 17.2, 2 *vol*. *in-*12.

1   1490 Ambaffades & Négociations du Comte d'Ef-
trades. *Amft* 1718, *in* 12.

4. 12 1491 Mémoires du Comte de Brienne. *Amft.* 1719,
3 *vol. in*12.

     ⎧ 1492 Les Mémoires du Duc de Guife. *Paris*, 1668,
     ⎪   *in-*4.
1. 2 ⎨
     ⎩ 1493 Relation de la conduite de la Cour de France,
       trad. de l'ital. *Leyde*, 1665, *in*12.

3. 13 1494 Mémoires de Roger de Rabutin, Comte de
Buffy. *Amft.* 1731, 2 *vol. in-*12.

1. 4 1495 Mémoires de Robert Arnauld d'Andilly,
écrits par lui-même. *Hambourg*, 1734, *in-*12.

1   1496 Mémoires de la Porte, premier Valet de
Chambre de Louis XIV. *Genêve*, 1755, *in* 12.

     ⎧ 1497 Mémoires de François de Paule de Cler-
     ⎪ mont, Marquis de Montglat. *Amft.* 1727, 4
3. 12 ⎨ *vol. in-*12.
     ⎪
     ⎩ 1498 La Campagne Royale, ou le Triomphe des
       armes de Sa Majefté en 1667 & 1668, avec des
       remarques fur la Ville de Lille. *Paris*, *in-*12.

3. 15 1499 Lettres de Louis XIV. aux Princes de l'Europe, à fes Généraux, fes Miniftres, &c. re-

cueillis par Rofe , avec des remarques hiſtoriques , par Morelly. *Paris , 1755 , 2 vol.
in-12.*

1500 Lettres du Chevalier Temple, traduites de
l'anglois de D. Jones. *La Haye , 1700 , in-12.*

1501 Mémoires du Cardinal Reynaud d'Eſte , pro-
tecteur des affaires de France à Rome. *Cologne ,
1677 , 2 vol. in-12.*   1 · 10

1502 Hiſtoire du Marquis de S. André de Montbrun. *Paris , 1698 , in-12.*

1503 Mémoires du Marquis de Chouppes. *Paris ,
1753 , 2 vol. in-12.*   2 · 11

1504 La Vie du Vicomte de Turenne , par du
Buiſſon. *La Haye , 1695 , in-12.*   2 · 8

1505 Hiſtoire du Vicomte de Turenne, par Ramſay. *Paris , 1735 , 2 vol. in-4.*   19

1506 Mémoires des deux dernieres Campagnes
de Turenne en Allemagne *Maubeuge , 1756,
in-12.*   1 · 12

1507 Lettres & Négociations de MM. le Maréchal
d'Eſtrades , Colbert , & du Comte d'Avaux.
La Haye , 1710 , 3 vol. in-12.   4 · 19

1508 Lettres, Mémoires & Négociations du Comte
d'Eſtrades. *Londres , 1743 , 9 vol. in-12.*   15

1509 Mémoires du Maréchal Duc de Grammont.
Paris , 1716 , 2 tomes en 1 vol. in-12.   1 · 10

1510 L'Europe Eſclave ſi l'Angleterre ne rompt
ſes fers. *Cologne, 1678 , in-12.*   1 · 12

1511 Mémoires de Gaſpard de Chavagnac , Maréchal de Camp , depuis 1624 , juſqu'en 1679.
Amſt. 1701 , in-12.   1 · 16

1512 Mémoires de d'Artagnan , par Gatien Sandras de Courtilz, *Cologne. 1701 & 1702 , 3 vol.
in-12.*   4

1513 Teſtament Politique de Colbert, par Gatien Sandras de Courtilz. *La Haye*, 1693, *in-12.*

1514 Mémoires de Charles Perrault. *Avignon*, *in-12.*

1515 Négociations du Comte d'Avaux en Hollande, depuis 1679, juſqu'en 1684. *Paris*, 1752, 3 *vol. in-12.*

1516 Mémoires de Louis de Bourbon II, Prince de Condé, par Deſormeaux. *Paris*, 1766, 2 *vol. in-12.*

1517 Mémoires du Duc de Navailles & de la Valette, Maréchal de France. *Amſt.* 1701, *in-12.*

1518 Lettres Hiſtoriques de Paul Fontanier Peliſſon, depuis 1670, juſqu'en 1688. *Paris*, 1729, 3 *vol. in-12.*

1519 Mémoires de la Cour de France pour les années 1688 & 1689, par Madame de la Fayette. *Amſt.* 1731, *in-12.*

1520 Teſtament Politique de Michel le Tellier, Marquis de Louvois. *Cologne*, 1696, *in-12.*

1521 Mémoires de Mlle. de Montpenſier. *Amſt.* 1735, 4 *vol. in-12.*

1522 Mémoires de J. B. de la Fontaine, depuis 1636, juſqu'en 1697, par Gatien Sandras de Courtilz. *Cologne*, 1699, *in-12.*

1523 Mémoires de tout ce qui s'eſt paſſé ſur Mer durant la guerre avec la France, depuis 1688, juſqu'en 1697, trad. de l'anglois de Burchett. *Amſt.* 1704, *in-12.*

1524 Les Faſtes de la Maiſon d'Orléans & de Bourbon, depuis 1497, juſqu'en 1697, par le P. du Londel. *Paris*, 1697, *in-8.*

1525 Mémoires de Gourville depuis 1642, juſqu'en 1698. *Paris*, 1724, 2 *vol. in-12.*

1526 Mémoires de Bordeaux. *Amst.* (Paris,) 4
1758, 4 *vol. in-*12

1527 Mémoires & Négociations secrettes du Comte
d'Harrach, par de la Torre. *La Haye,* 1720,
*in-*12.

1528 Mémoires & Négociations secrettes de di-   4
verses Cours de l'Europe, par de la Torre. *La
Haye,* 1721, 1725, *5 tomes en 3 vol. in-*12.

1529 Mémoires du Maréchal de Tourville, depuis   4 . 12
1657, jusqu'en 1701. *Amst.* (Paris,) 1742,
3 *vol. in-*12.

1530 Mémoires de S. Hilaire depuis la mort du   8 . 10
Cardinal Mazarin, jusqu'à celle de Louis XIV.
Amst. (Paris,) 1766, 4 *vol. in-*12.

1531 Le Procès sans fin, ou l'Histoire de John   1 . 11
Bull, par le Docteur Swift. *Londres,* 1753,
*in-*12.

1532 Histoire du Fanatisme renouvellé, où l'on   2 . 2
raconte les meurtres commis dans les Cevennes,
& les châtimens qui en ont été faits. *Toulouse,*
1704, *in-*12.—*Dans le même vol.* Apologie du
Cardinal de Bouillon, par l'Abbé d'Anfreville.
Cologne, 1706, *in-*12.

1533 Mémoires du Comte de Forbin, Chef d'Es-   3 . 15
cadre. *Amst.* (Paris,) 1729, 2 *vol. in-*12.

1534 Mémoires du Marquis de Feuquieres. *Lon-*   8
dres, (Paris,) 1736, 4 *vol. in-*12.

1535 Histoire Secrette des intrigues de la France 3 . 6
en divers Cours de l'Europe. *Londres,* 1713, 2
*vol. in-*8.

1536 Histoire du Congrès & de la Paix d'Utrecht, 1 . 6
comme aussi celle de Rastadt & de Bade, par
Casimir Freschot. *Utrecht,* 1716, *in-*12.

1537 Histoire de Louis XIV, par Pelisson, donnée 3

par l'Abbé le Mafcrier. *Paris*, 1749 ; 3 *vol. in-12.*

1 · 10 { 1538 Hiftoire abrégée de Louis le Grand, par le Comte de Buffy Rabutin. *Paris*, 1699, *in-12.*

1539 Mémoires & réflexions fur les principaux événémens du Règne de Louis XIV, par le Marquis de la Fare. *Roterdam*, 1706, *in-12.*

2 · 6   1540 Mémoires pour fervir à l'Hiftoire de Louis XIV, par l'Abbé de Choify. *Utrecht*, 1727, 2 *tomes en 1 vol. in-12.*

4 · 18 1541 Campagne de M. de Villars en Allemagne en 1703. *Amft.* 1762, 2 *vol. in-12.*

3   1542 Campagne de M. de Marfin en Allemagne en 1704. *Amft.* 1762, 3 *vol. in-12.*

1 · 10 { 1543 Mémoires pour fervir à l'Hiftoire du Congrès de Cambray. 1722, *in-4.*

1544 Iftoria di Lodovico il Grande, da Filippo Cafoni. *Milano*, 1706, 2 *vol. in-4.*

5 · 12 1545 Hiftoire du Roi Louis le Grand, par les médailles recueillies & expliquées par le Pere Meneftrier. *Paris*, 1691, *in fol.*

48   1546 Médailles fur les principaux événemens du Règne de Louis XIV. *Paris, de l'Impr. Roy.* 1723, *in-fol.*

4 · 15 1547 Médailles fur les principaux événemens du Règne de Louis le Grand, avec des explications hiftoriques accompagnées d'une verfion allemande. *Schaffaufen*, 1704, *in-fol.*

63   1548 Hiftoire Militaire du Règne de Louis le Grand, par le Marquis de Quincy. *Paris*, 1726, 8 *vol. in-4.*

7 · 5 1549 Hiftoire de France fous le Règne de Louis XIV, par Ifaac Larrey. *Nancy*, 1719 & 1722, 9 *vol. in-12.*

1550 Abrégé Chronologique de l'Hiftoire de France fous les Règnes de Louis XIII & Louis XIV, pour fervir de fuite à celui de Mezeray. *Amft* 1740, *3 vol. in-12.* 4 . 19

1551 Hiftoire de la Vie & du Règne de Louis XIV, enrichie de médailles, par de la Hode. *Francfort*, 1740, *6 vol. in-4.* 24

1552 Hiftoire du Règne de Louis XIV, par Reboulet. *Avignon*, 1742, *3 vol. in-4.* 8 . 12

1553 Abrégé de l'Hiftoire du Règne de Louis XIV, par M. A*** Docteur en Médecine. *Bruxelles*, 1752, *4 parties en 1 vol. in-12.* 1

1554 Le Siecle de Louis XIV, par de Voltaire. *Leipfick*, 1752, *2 vol. in-12.* 3 . 10

1555 Mémoires & Lettres de Madame de Maintenon, donnés par de la Baumelle. 1756, 14 *vol. in-12.* 3 6 . 2

1556 Abrégé de la Vie de Marie Thérèfe d'Autriche, Reine de France, par le P. Bonaventure de Soria. *Paris*, 1683, *in-12.* 1

1557 Recueil de Lettres pour fervir d'éclairciffemens à l'Hiftoire Militaire du Règne de Louis XIV. *Paris*, 1761, *8 vol. in-12.* 10 . 6

Règne de Louis XV.

1558 Mémoires de la Régence de M. le Duc d'Orléans pendant la Minorité de Louis XV. *La Haye*, 1737, *3 vol. in-12.* 5 . 15

1559 La Vie de Philippe d'Orléans, Régent du Royaume. *Londres*, 1737, *2 vol. in-12.* 4

1560 Mémoires du Maréchal Duc de Villars. *Amft.* 1736, *3 vol. in-12.* 6 . 10

1561 Mémoires du Maréchal de Berwick. *La Haye*, 1737, *2 vol. in-12* 4 . 5

1562 Annales Politiques de Charles Irenée Caftel; Abbé de S. Pierre *Londres*, 1757, 2 *vol. in-8.*

1563 L'Ami de la Fortune, ou Mémoires du Marquis de S. A*** *Londres*, 1754, 2 *vol. in-12.*

1564 Hiftoire de la derniere Guerre & des Négociations pour la Paix, avec la Vie du Prince Eugêne, par P. Maffuet. *Amft.* 1736 & 1737. 2 *tomes en* 5 *vol. in-8.*

1565 Mémoires de l'Abbé de Montgon. 1748 & 1752, 8 *vol. in-12.*

1566 Campagnes de M. de Noailles en Allemagne en 1743. *Amft.* 1760, 2 *vol. in-12.*

1567 Campagne de M. de Coigny en Allemagne en 1743. *Amft.* 1751, 3 *vol. in-12.*

1568 Campagne du Roi en 1744 & 1745, par l'Abbé Rouffeau. *Amft.* 1745, *in-4.*

1569 Conquête des Pays-Bas dans la Campagne de 1745, avec la prife de Bruxelles en 1746, par Zambaud. *La Haye*, 1747, *in-12.*

1570 Mémoires de Maurice, Comte de Saxe. *Mittaw*, 1752, 3 *vol. in-12.*

1571 Lettres à un Provincial fur les motifs de la Guerre préfente. *Neufchatel*, (*Paris*,) 1745, *in-12.*

1572 Mémoires des Commiffaires du Roi fur les limites de l'Acadie, & le Mémoire contenant le précis des faits. *Paris*, 1755, 4 *vol. in-4.*

1573 Journal du Voyage de M. de Courtanvaux pour effayer plufieurs inftrumens relatifs à la longitude. *Paris, Impr. Roy.* 1768, *in-4. br.*

1574 Plans & Deffins de Décorations ordonnées pour la publication de la Paix en 1749. *in-fol. oblong.*

1575 Description de la Fête donnée par la Ville   14 · 19
de Paris, à l'occasion du mariage de Monseigneur
le Dauphin en 1747. *in-fol. mag. m. r.*

1576 Journal historique, ou Fastes du regne de   4 · 10
Louis XV. *Paris, 1766. 2 vol. in-8.*

1577 Histoire des Conquêtes de Louis XV. par   6 · 15
du Mortous. *Paris 1759. in-fol. fig.*

1578 Médailles du regne de Louis XV. jusqu'en   3 · 7
1748, par Godonnesche. *in-fol.*

1579 Monumens érigés en France à la gloire de   14 · 3
Louis XV. par Patte. *Paris 1765. in-fol.*

*Traités particuliers de la Succession à la Couronne,
& du Gouvernement de la France.*

1580 Traité historique de la Souveraineté du Roi,   5 · 8
& des Droits en dépendans. *Paris 1754. 2 vol.
in-4.*

1581. Traité de la Succession à la Couronne, ou la   2
Couronne de France toujours successive, par
Le Grand. *Paris 1728. in-12.*

1582. Recueil général des Piéces touchant l'affaire   6 · 19
des Princes légitimes & légitimés. *Rotterdam 1717.
4 vol. in-12.*

1583. Traité de la majorité de nos Rois & des   4 · 4
Régences du Royaume, par Pierre Dupuy.
Amsterdam 1722. 2 vol. in-8.

1584. Mémoires sur les Etats provinciaux. (*Paris.*)
1585. Recueil général des Etats tenus en France   12
sous Charles VI. VIII. IX. Henri III. & Louis
XIII. *Paris 1651. in-4.*

1586. Considérations sur le Commerce & sur l'Ar-   2 · 4
gent, par Law. *La Haye 1720. in-12.*

1587. Histoire générale & particuliere du Visa fait   7 · 10 en France, pour l'extinction de tous les papiers royaux. *La Haye* 43. *4 tomes en 2 vol. in-12.*

12　1588 Histoire du système des Finances, sous la minorité de Louis XV. *La Haye 1739. 6 tom. en 3 vol. in-12. mar. r.*

2　1589 Essai historique sur les différentes situations de la France, par Deon de Beaumont. *Amst.* (*Paris*) 1753. *in-12.*

1590 Mémoires présentés à M. le Duc d'Orléans, par le Comte de Boulainvilliers. *La Haye 1727. 2 tomes en 1 vol. in-12.*

2·8　1591 Dictionnaire des Finances, ou nouvelle introduction pour apprendre les finances & la pratique des Bureaux. *Paris 1740. in-12.*

12　1592 Recherches & Considérations sur les Finances de France, par de Fourbonnais. *Basle, 1758, 2 vol. in-4.*

7·19　1593 Traité de la connoissance des Droits & des Domaines du Roi, par Berthelot du Ferrier. *Paris 1719. in-4.*

1·10　1594 Essai sur la qualité & le rapport des Monnoies étrangeres avec celles de France, par D. Richebourg. *Paris. Impr. royale. 1764. in-fol.*

Traités des Offices de France.
Dignités du Royaume & des Magistratures.

5　1595 Histoire de la Pairie de France & du Parlement de Paris, par M. D. B. *Londres 1740. in-12.*

2·8　1596 Dissertation sur l'origine, les droits & les prérogatives des Pairs de France. 1753. *in-12.*

10·19　1597 Recueil des écrits qui ont été faits sur le différend d'entre les Pairs de France & les Présidens au mortier du Parlement de Paris, pour la maniere d'opiner aux Lits de Justice. *Paris 1664. in-4.*

1598

1598 Mémoire sur la Question de Préséance, pour *6 · 19*
MM. les Ducs & Pairs , contre M. le Maré-
chal de Luxembourg. *Paris , 1693 , in-12.*

1599 Factum pour M. le Duc de Luxembourg , *8*
contre les Ducs & Pairs, au sujet de la préséance
du Duché-Pairie de Piney. *Paris, 1696, in-4.*

1600 Mémoire sur l'extinction du Duché-Pairie *3*
d'Epernon, pour les Ducs & Pairs, contre le
Marquis d'Antin, par Magneux. *Paris, 1711,
in-4.*

1601 Requête présentée au Roi par Robert, Comte *21*
de la Mark, Duc de Bouillon, Prince de Sedan,
pour avoir justice de l'usurpation faite sur sa maison dudit Duché de Sedan , contre Frédéric
Maurice de la Tour , Vicomte de Turenne, &
autres pieces sur le même sujet. *Paris, 1644,
in-fol.*

1602 Traité des premiers Officiers de la Couronne *3*
sous les Rois de la Iere. IIe. & IIIe. Race, par
André Favyn. *Paris, 1613, in-8.*

1603 Histoire des Connétables , Chanceliers & *3 · 12*
Gardes des Sceaux, Maréchaux, & Amiraux de
France, &c. par Jean le Feron, & continuée
par Denis Godefroy. *Paris, 1658, in-fol.*

1604 Histoire des Chanceliers & Gardes des *2 · 4*
Sceaux de France, depuis Clovis jusqu'à Louis
XIV, par Fr. Duchesne. *Paris, 1680, in-fol.*

1605 Histoire Chronologique de la grande Chan- *2 · 2*
cellerie de France, par Abraham Tessereau.
Paris, 1710, in-fol.

1606 Dictionnaire des Maréchaussées de France, *2 · 12*
par de Bauclas. *Paris , 1748 , 2 tomes en 1
vol. in-4.*

1607 Histoire des Ministres d'Etat depuis 837, *7 · 19*

jufqu'en **1327**, par le Baron d'Auteuil. *Paris,* **1642**, *in-fol.*

1608 Des progrès & de l'origine des Secrétaires d'Etat, par Briquet. *La Haye,* **1747**, *in-8.*

1609 Hiftoire des Secrétaires d'Etat, par Fauvelet du Toc. *Paris,* **1668**, *in-4.*

1610 Tablettes de Thémis contenant la Succeffion Chronologique des Chanceliers, Gardes des Sceaux, Secrétaires d'Etat, &c. par Chazot de Nantigni. *Paris,* **1755**, *3 parties en 2 vol. in-24.*

1611 Effai d'Hiftoire fur les querelles & les infultes faites aux Ambaffadeurs de France, & les fuites qu'elles ont eues. *La Haye,* **1748**, *in-12.*

1612 Recherches Hiftoriques fur les Cours qui exerçoient la juftice fouveraine de nos Rois, par Gibert. **1743**, *in-4. br.*

1613 XIII. Livres des Parlemens de France, où l'on traite de leur origine, des Préfidens, Confeillers, &c. par Bernard de la Rocheflavin. *Bordeaux,* **1617**, *in-fol.*

1614 Les Préfidens au Mortier du Parlement de Paris, leurs emplois, charges, qualités, armes, blafons & généalogies, par Fr. Blanchard. *Paris,* **1647**, *in-fol.*

1615 Differtation Hift. & Crit. fur la Chambre des Comptes. *Paris,* **1765**, *in-4. br.*

1616 Traité de la Chambre des Comptes de Paris, par Claude de Beaune. *Paris,* **1647**, *in-8.*

Ouvrages mêlés concernant les Rois & le Royaume de France.

1617 Le Cérémonial François, contenant les Cérémonies obfervées aux Sacres, Couronnemens,

&c. par Denis Godefroy. *Paris*, 1649, 2 *vol. in-fol.*

1618 La Grande Monarchie de France, la Loi Salique, par Claude de Seyſſel. *Paris*, 1540. *in-8.* 6

1619 Les Œuvres d'Etienne & Nicolas Paſquier. *Amſt.* 1723, 2 *vol. in fol.* 24

1620 Les Recherches des Recherches, & autres Œuvres de Paſquier, par le Pere Garaſſe. *Paris*, 1622, *in-8.* 1 . 5

1621 Mêlanges Hiſtoriques & Recueil de diverſes matieres pour la plûpart paradoxales & néanmoins vraies, par Pierre de S. Julien. *Lyon*, 1689, *in-8.* 1 . 4

1622 Mêlanges Hiſtoriques, ou Recueil de pieces ſervant à l'Hiſtoire depuis 1390, juſqu'en 1580, par Camuſat. *Troyes*, 1619, *in-8.* 2.

1623 Mémoires Hiſt. & Crit. ſur divers points de l'Hiſtoire de France, par Mezeray. *Amſt.* 1732. 2 *tomes en* 1 *vol. in-12.* 1 . 5

1624 Pieces fugitives pour ſervir à l'Hiſtoire de France, avec des notes. *Paris*, 1759, 3 *vol. in-4.* 8 . 2

1625 Abrégé Chronologique des grands Fiefs de la Couronne de France, par Brunet. *Paris*, 1759, *in-8.* 3 . 16

Hiſtoire des Provinces & Villes de France.

1626 Dénombrement du Royaume par Généralités, Élections, Paroiſſes & Feux. *Paris*, 1709, 2 *vol. in-12.* 4 . 6

1627 Les Antiquités & Recherches des Villes, Châteaux & Places de France, par André du Cheſne. *Paris*, 1668, 2 *vol. in-8.* 3

15 1628 Les Acquisitions de la France par la paix &
par les traités de Munster, des Pyrenées, &c.
par Duval. *Paris, 1691, in 12. fig.*

18-7 1629 Histoire & Recherches des Antiquités de la
Ville de Paris, par Henri Sauval. *Paris, 1724,
3 vol. in-fol.*

45 1630 Histoire de la Ville de Paris, par Michel
Felibien, augmentée par Guy Alexis Lobineau.
Paris, 1725, 5 vol. in-fol. gr. pap.

6 1631 Histoire de la Ville de Paris, par l'Abbé
des Fontaines. *Paris, 1735, 5 vol. in-12.*

17-11 1632 Description de Paris, par Piganiol de la
Force. *Paris, 1765, 10 vol. in 12. fig.*

16 1633 Plan Général de la Ville de Paris exécuté
sous les ordres de M. Turgot. *in-fol. magn. m. r.*

4-17 1634 Dissertations sur l'Histoire Ecclésiastique &
Civile de Paris, par l'Abbé le Beuf. *Paris, 1739
& 1741. 2 vol. in-12.*

1635 Histoire du Diocèse de Paris, par l'Abbé
le Beuf *Paris, 6 vol. in-12.*

12 1636 Essais Historiques sur Paris, par de S. Foix.
Paris, 1766, 5 vol. in-12.

42-19 1637 Traité de la Police, par de la Marre. *Amst.
1729, 4 tomes en 2 vol. in-fol.*—Continuation du
Traité de la Police, par le Cler du Brillet. *Paris,
1738, in-fol.*

3-2 1638 Le Collége Royal de France, ou Institution,
Etablissement & Catalogue des Lecteurs & Pro-
fesseurs ordinaires du Roi fondés par François Ier.
par Guill. du Val. *Paris, 1644, in-4.*

1639 Mémoire Hist. & Litt. sur le College Royal
de France, par Cl. P. Goujet. *Paris, 1758,
3 vol. in-12.*

1640 L'Ombre du grand Colbert, & le Génie

du Louvre, Dialogues, par de la Font de S.
Yenne. *La Haye*, 1749 & 1756, *2 vol. in-12.*

1641 Le Génie du Louvre, par le même. 1756,
in-12.

1642 Histoire de l'Hôtel des Invalides, par J.
Joseph Granet, avec les plans, coupes, & les
peintures & sculptures dessinées & gravées par
Cochin. *Paris*, 1736, *in-fol.*

1643 Description Historique de l'Hôtel Royal des
Invalides, par l'Abbé Perau. *Paris*, 1756,
in-fol. fig.

1644 Histoire véritable de l'antiquité & prééminence du Vicariat de Pontoise & du Vexin-le-
François, par Hipolyte Ferret. *Paris*, 1637, *in-4.*

1645 Eclaircissement de l'ancien Droit de l'Eglise
de Paris sur Pontoise & le Vexin-François, par
par des Lyons. *Paris*, 1694, *in-8. fig.*

1646 Dissertation sur l'Etat des anciens Habitans
du Soissonnois avant la conquête des Gaules par
les Francs, par l'Abbé le Beuf. *Paris*, 1735 &
1736, *in-12.*

1647 Description Historique des Château, Bourg
& Forêt de Fontainebleau, par Guilbert. *Paris*,
1731, *2 vol. in-12. fig.*

1648 Histoire de l'Orléanois, par le Marquis de
Luchet. *Paris*, 1766, *in-4. br.*

1649 Histoire des Comtes de Champagne & de
Brie. *Paris*, 1753, *2 vol. in-12.*

1650 Mémoires pour servir de suite aux Antiquités
Ecclésiastiques du Diocèse de Troyes, par Camusat. 1757, *in-12.*

1651 Description géographique & historique de
la Haute Normandie, par Toussaint du Plessis.
Paris, 1740, *2 vol. in-4.*

I iij

1. 4   1652 L'Histoire & Chronique de Normandie ;
avec la description dudit Pays, par Jean Na-
gerel. *Rouen*, 1578, *in-8*.

3. 5   1653 Histoire de Guillaume le Conquerant, par
l'Abbé Prevost. *Paris*, 1742, 2 *vol. in-12*.

4   { 1654 Histoire de la Ville de Cherbourg, par
Mde. Retan Dufresne. *Paris*, 1760, *in-12. br.*
{ 1655 Histoire des Pays & Comté du Perche &
Duché d'Alençon, par Gilles Bry. *Paris*, 1620,
in-4.

2. 3   1656 Histoire critique de l'Etablissement des Bre-
tons dans les Gaules, par René Aubert de Vertot. *Paris*, 1730, 2 *vol. in-12*.

8   1657 Histoire des Ducs de Bretagne & des Révolutions qui font arrivées dans cette Province,
par l'Abbé des Fontaines. *Paris*, 1739, 6 *vol.
in-12*.

2. 10   1658 Histoire de la Réunion de la Bretagne à la
France, par l'Abbé Irail. *Paris*, 1764, 2 *vol.
in-12*.

1   1659 Histoire du Pays & Duché de Nivernois,
par Guy Coquille. *Paris*, 1612, *in-4*.

3. 13   1660 De l'origine des Bourguignons & antiquités
des Etats de Bourgogne, par Pierre de S. Julien.
Paris, 1581, *in-fol.*

3. 17   1661 Annales de Bourgogne, par Guill. Paradin
de Cuyseaulx. *Lyon*, 1566, *in-fol.*

60   1662 Histoire de Bourgogne, avec des notes &
des preuves, par Urbain Plancher. *Dijon*, 1739,
3 *vol. in-fol. fig. mar. rouge.*

2. 11   1663 Mémoires de l'Histoire de Lyon, par Guill.
Paradin, & les priviléges des Habitans de Lyon,
par Claude de Rubis. *Lyon*, 1573 & 1574,
in fol.

1664 Bibliothéque hiftorique & poëtique du Poitou, par Dreux du Radier. *Paris*, 1754, 5 *vol.* 4 · 17
in-12.

1665 Le Siege de la Ville de Dole, capitale de la Franche-Comté, par Jean Boyvin. *Anvers*, 1638, *in*-4. 1

1666 Les Annales d'Aquitaine, par Jean Bouchet, donnés par Abraham Mounin. *Poitiers*, 1644, in-fol. 7 · 2

1667 Hiftoire de Foix, Bearn & Navarre, par Pierre Olhagarai. *Paris*, 1609, *in*-4.
1668 Hiftoire de Béarn, par P. de Marça. *Paris*, 1640, *in-fol.* } 10 · 17

1669 Hiftoire générale du Languedoc, avec des notes & les pieces juftificatives, par Dom Vic & Dom Vaiffette. *Paris*, 1730 *& fuiv.* 5 *vol.* in-fol. 54

1670 Abrégé de l'Hiftoire de Languedoc, par Dom Vaiffette. *Paris*, 1749, 6 *vol. in*-12. 8 · 19

1671 Mémoires pour fervir à l'Hiftoire de Languedoc, par de Bafville. *Amft.* 1736, *in*-8. 1 · 11

1672 Mémoires pour l'Hiftoire Naturelle du Languedoc, par Aftruc. *Paris*, 1737, *in*-4. 6

1673 Hiftoire des Ducs, Marquis & Comtes de Narbonne, par Beffe. *Paris*, 1660, *in*-4. 2 · 8

1674 Hiftoire des Comtes de Tolofe, par Guill. Catel. *Tolofe*, 1623, *in-fol.* 1 · 10

1675 La Chorographie, ou defcription de Provence, par Honoré Bouche. *Paris*, 1736, 2 *vol. in-fol.* 5 6

1676 L'Antiquité de l'Eglife de Marfeille & la fucceffion de fes Evêques, par Henri Fr. Xavier de Belfunce de Caftelmoron. *Marfeille*, 1747, *in*-4. 2

I iv

1677 Réponse aux Recherches concernant les droits du Pape sur Avignon. 1769, *in-8.*

1678 Lettres Historiques sur le Comtat Venaissin & sur la Seigneurie d'Avignon. *Amst.* 1768, *in-12.*

1679 Histoire de Dauphiné, par Pierre Moret de Bourchenu, Marquis de Valbonay. *Genêve,* 1722, 2 *vol. in-fol.*

1680 Histoire des Dauphins François & des Princesses qui ont porté en France la qualité de Dauphin. *Paris,* 1713, *in-12.*

1681 Histoire des Dauphines de France, par le Qien de la Neuville. *Paris,* 1760, 2 *vol. in-12.*

1682 Histoire de la Province d'Alsace, par Louis la Guille. *Strasbourg,* 1727, *in-fol.*

1683 Alsatia illustrata Celtica, Romana Francica, auore Joan. Daniele Schoepflino. *Colmariæ,* 1751, *in-fol.*

1684 Description nouvelle de la Cathédrale de Strasbourg & de sa fameuse Tour, traduite de l'allemand de Franç. Jos. Bohm. *Strasbourg,* 1743, *in-8. fig.*

1685 Description des Fêtes données à Strasbourg pour la Convalescence du Roi, avec l'habillement des Troupes qui orn'oient ces Fêtes. *Strasbourg,* 1744, 2 *vol. in-4.*

1686 Les Antiquités de Metz, par D. Jos. Cajot. *Metz,* 1760, *in-8.*

1687 Histoire de l'Eglise de Toul. *Toul,* 1727, *in-4.*

1688 Table Alphabétique des Villes, Bourgs, Villages & Hameaux de Lorraine & Barrois. *Nancy,* 1749, *in-8.*

1689 Abrégé de l'Histoire de Lorraine, par Aug. Calmet. *Nancy, 1734, in-12.*

1690 Question historique si les Provinces de l'ancien Royaume de Lorraine doivent être appellées terres de l'Empire, par Chantereau le Febvre. *Paris, 1644, in-8.*

1691 Mémoires du Marquis de Beauveau, pour servir à l'Histoire de Charles IV, Duc de Lorraine & de Bar. *Cologne, 1690, in-12.*

1692 Mémoires Alphabétiques pour servir à l'Histoire, au Pouillé & à la Description générale du Barrois. *Barleduc, 1749, in-8.*

1693 Mémoires sur la Lorraine & le Barrois, par D*** *Nancy, in-4.*

1694 Bibliothéque Lorraine, ou Histoire des Hommes illustres qui ont fleuri en Lorraine, par Dom Calmet. *Nancy, 1751, in-fol.*

1695 Mémoires pour servir à l'Histoire des Hommes illustres de Lorraine, avec une réfutation de la Bibliothéque Lorraine, par Chevrier. *Bruxelles, 1754, 2 vol. in-12.*

HISTOIRE D'ITALIE.

1696 Les Délices de l'Italie, ou Description de ce pays & de ses raretés, par de Rogissart. *Leide, 1706, 3 vol. in-12. fig.*

1697 Abrégé Chronologique de l'Histoire d'Italie, par de S. Marc. *Paris, 1761, 2 vol. in-8.*

1698 Princes Souverains d'Italie, ou Traité de de leurs Etats, Forces, Familles, Gouvernement, &c. par Nic. Samson. *Paris, 1636.* — *Dans le même vol.* Britannia, ou Recherches de l'Antiquité d'Abbeville, par le même. *Paris, 1636. in-8.*

1699 La Liberté de l'Italie démontrée à ses Princes & à ses Peuples, trad. de l'italien, de l'Abbé Tosini. *Amst. in-12.*

1700 Histoire des Guerres d'Italie depuis 1490, jusqu'en 1508, trad. de François Guichardin. *Londres,* (*Paris,*) 1738, 3 *vol. in-4.*

1701 Histoire de Nicolas Rienzy, par de Boispreaux. *Paris,* 1743, *in-12.*

1702 Histoire du Royaume de Naples, trad. de l'italien de Pierre Giannone. *La Haye,* 1742, 4 *vol. in-4.*

1703 Histoire des Reines Jeanne Iere. & Jeanne IIe. Reines de Naples. *Paris,* 1700, *in-12.*

1704 Histoire de Jeanne Iere. Reine de Naples. *La Haye,* 1764, *in-12.*

1705 Histoire des Troubles advenus à Naples, trad. de l'italien de Camille Portio. *Paris,* 1627, *in-8.*

1706 Histoire de la Révolution de Naples dans les années 1647 & 1648, par Mlle. de Lussan. *Paris,* 1757, 4 *vol. in-12.*

1707 Histoire des Rois des Deux Siciles de la Maison de France, par d'Egly. *Paris,* 1741, 4 *vol. in-12.*

1708 Relation des Mouvemens de Messine depuis 1681 jusqu'à présent. *Paris,* 1686, *in-12.*

1709 Etat ancien & moderne des Duchés de Florence, Modêne, Mantoue & Parme. *Utrecht,* 1711, *in-12.*

1710 Anecdotes de Florence, ou l'Histoire Secrette de la Maison de Médicis, par Varillas. *La Haye,* 1685, *in-12.*

1711 Histoire du Gouvernement de Venise, par Amelot de la Houssaie. *Amst.* 1705, 3 *vol. in-12.*

1712 Histoire de la République de Venise, par l'Abbé Laugier. *Paris*, 1759, 10 *vol. in*-12.

1713 La Conjuration du Comte Jean Louis de Fiefque, par Euſtache le Noble. *Paris*, 1665, *in*-12.

1714 Histoire des Révolutions de Gênes. *Paris*, 1750, 3 *vol. in*-12.

1715 Histoire de Caſtruccio Caſtracani, Souverain de Lucques, trad. de l'italien de Machiavel, par Guillet de S. Georges. *Paris*, 1671, *in*-12.

1716 Chronique de Savoie tirée de l'Histoire de Guill. Paradin. *Lyon*, 1602, *in-fol*.

1717 Histoire d'Amédée III, Duc de Savoie, par Et. Binet. *Paris*, 1719, *in*-8.

1718 Mémoires pour ſervir à l'Histoire du Prince Eugêne de Savoie, par d'Artainville. *La Haye*, 1710, 2 *vol. in*-12.

1719 Lettre hiſtorique ſur l'abdication du Roi de Sardaigne, trad. de l'anglois. *in*-12.

HISTOIRE DE L'EMPIRE D'ALLEMAGNE.

1720 Vindiciæ actorum Murenſium, pro & contra Marquardum Hergott, ſeu acta fundationis Murenſis Monaſterii, opera Fridolini Kopp. 1750, *in*-4.

1721 Vindicatio Juris Imperialis in magnum Tuſciæ Ducatum, à Frid. Lud. de Berger. 1723, *in*-4.

1722 Expoſition véritable où l'on fait voir que la Maiſon de Brandebourg, à préſent Royale de Pruſſe, a poſſédé d'une maniere conforme aux conſtitutions & droits de l'Empire depuis 1609 juſqu'à préſent, les Provinces de Juliers & de

Berg , traduit de l'allemand. *La Haye*, 1738,
in-4.

1723 Exposition du Droit du Cardinal de Fursten-
berg contre la prétendue Election du Prince de
Baviere. *Paris* , 1688 , *in-4*.

1724 Discours Historique de l'Election des Empereurs & des Electeurs de l'Empire. 1711 , *in-8*.

1725 La Politique de la Maison d'Autriche , par
Varillas. *La Haye*, 1688 , *in-12*.

1726 Abrégé Chronologique du Droit public
d'Allemagne. *Paris* , 1754 , *in-8*.

1727 Abrégé Chronologique de l'Histoire & du
Droit public d'Allemagne , par de Pfeffel. *Man-
heim* , 1758 , *in-4*.

1728 Histoire de l'Empire , par Heiss. *Paris* ,
1684, 2 *vol. in-4*.

1729 Histoire d'Allemagne , par de Prade. *Paris*,
1677 , *in-4*.

1730 Histoire générale d'Allemagne , par le Pere
Barre. *Paris* , 1748 , 10 *tomes en* 11 *vol. in-4*.

1731 Annales de l'Empire, par de Voltaire. *Basle*,
1753 , 2 *vol. in-12*.

1732 Abrégé de l'Histoire de l'Empire, par l'Abbé
L***. *Bruxelles* , 1757 , *in-12*.

1733 Essai critique sur l'Etablissement & la Trans-
lation de l'Empire d'Occident ou d'Allemagne,
par l'Abbé Guyon. *Paris* , 1752 , *in-8*.

1734 Histoire de Marie de Bourgogne. *Paris* ,
1757 , *in-12*.

1735 Vie de Charles Quint , trad. de l'italien de
Gregorio Leti. *Amst.* 1702 , 4 *vol. in* 12. *fig*.

1736 La Vie & les actions héroïques & plaisantes
de l'Empereur Charles V, par Raclot. *Bruxelles.*
1699 , 2 *vol. in-12. fig.*

1737 Mémoires pour servir à l'Histoire du Cardinal de Granvelle sous Philippe II, par Dom l'Evèque. *Paris*, 1753, 2 *vol. in*-12. 3

1738 Histoire de l'Empereur Charles VI, par la Lande. *La Haye*, 1743, 6 *vol. in*-12. 7 · 5

1739 Mémoires de Raimond, Comte de Montécuculli, trad. de l'italien en françois, par Adam. *Cologne*, 1722, *in*-12. 2 · 14

1740 Mémoires du Comte de Vordac, Général des Troupes de l'Empereur. *Paris*, 1723, 2 *vol. in*-12. 2 · 13

1741 Mémoires de M. de la Colonie, Maréchal de Camp des Armées de l'Electeur de Baviere. *Bruxelles*, 1737, 2 *vol. in*-12. 1 · 16

1742 Tables généalogiques des augustes Maisons d'Autriche & de Lorraine. *Paris*, 1770, *in*-8. 1 · 14

1743 Histoire de la Succession aux Duchés de Cleves, Berg & Juliers, par J. Rousset. *Amst.* 1738, 2 *vol. in*-8. 1 · 4

1744 Relation des Cours de Prusse & d'Hanovre, avec les caractères des principales personnes qui les composent. *La Haye*, 1706, *in*-8. *fig.* 1 · 2

1745 Mémoires pour servir à l'Histoire de Brandebourg, par le Roi de Prusse, avec la continuation. *Paris*, 1751 & 1757, 2 *vol. in*-8. & 1 *vol. in*-12. 3

1746 Histoire de Frédéric Guillaume Ier. Roi de Prusse. *Amst.* 1744, 2 *vol. in*-12. 1 · 11

1747 Histoire des Révolutions de Hongrie. *La Haye*, 1739, 6 *vol. in*-12. 7 · 12

1748 Testament politique & moral du Prince Rakoczi, & un abrégé de sa Vie. *La Haye*, 1751, 2 *tomes en* 1 *vol. in*-12. 1 · 6

1749 Histoire du Ministere du Cardinal Martinusius, par Bechet. *Paris*, 1715, *in*-12.

1750 Relation de ce qui s'eſt paſſé au ſiege & à la priſe de Bude en 1686. *Beſançon*, *in-*12. *fig.*

1751 Hiſtoire des Négociations pour la Paix conclue à Belgrade en 1739, par l'Abbé Laugier. *Paris*, 1768, 2 *vol. in-*12.

1752 Hiſtoire Militaire des Suiſſes au ſervice de la France, par le Baron de Zurlauben. *Paris*, 1751, 8 *vol. in-*12.

1753 Hiſtoire des Révolutions de la Haute Allemagne, contenant les ligues & les guerres de la Suiſſe. *Zurich*, 1766, 2 *vol. in-*12.

1754 Hiſtoire de la Confédération Helvétique, par Alexandre-Louis de Wateville. *Berne*, 1754, 2 *parties en* 1 *vol. in-*8.

1755 Hiſtoire de la Ville & de l'Etat de Genêve, par Jac. Spon. *Lyon*, 1682, 2 *vol. in-*12.

HISTOIRE DE FLANDRE ET DE HOLLANDE.

1756 Les Plans, Profils & Gouvernemens des Villes de Flandres, Brabant, Artois & Lorraine, &c. par le Chevalier de Beaujeu. *Paris*, 3 *vol. in-*4. *oblong.*

1757 Hiſtoire des Comtes de Flandre, avec la deſcription de la Flandre. *La Haye*, 1698, *in-*12.

1758 La Chronique de Flandre, par Denis Sauvage. *Lyon*, 1562.—Mémoires d'Olivier de la Marche. *Lyon*, 1572, *in-fol.*

1759 Hiſtoire de la vie & du miniſtere de l'Abbé Isdebalde, ſous Thierry d'Alſace, Comte de Flandre, par d'Hermanville. *Bruxelles*, 1718, *in-*8.

1760 Hiſtoire de la Guerre de Flandre, traduite

de Strada, par du Ryer. *Paris*, 1644, *in-fol.*

1761 Hiſtoire de l'Archiduc Albert, Gouverneur Général, puis Souverain de la Belgique. *Cologne*, 1693, *in-12.*

1762 Hiſtoire du Comte de Mansfeld, Gouverneur du Duché de Luxembourg & du Comté de Chiny. *Luxembourg*, 1707, *in-12.*

1763 Introduction à la Révolution des Pays-Bas, par le Jean. (*Paris*,) 1754, 3 *tomes en 1 vol. in-12. m. r.*

1764 Deſcription de tous les Pays-Bas, autrement appellés la Germanie inférieure ou baſſe Allemagne, traduite de l'italien de Guichardin, par de Belleforeſt. *Anvers*, 1582, *in-fol.*

1765 Hiſtoire générale des Pays-Bas, contenant la deſcription des XVII. Provinces. *Bruxelles*, 1743, 4 *vol. in-12.*

1766 Hugonis Grotii Annales & Hiſtoriæ de rebus Belgicis. *Amſtelodami*, 1658, *in-8.*

1767 Hiſtoire de l'Etabliſſement de la République de Hollande, par Euſtache le Noble. *Paris*, 1690, 2 *vol. in-12.*

1768 Hiſtoire de Hollande, par de la Neuville. *Paris*, 1693, 4 *vol. in-12.*

1769 Annales des Provinces Unies, par Baſnage. *La Haye*, 1719, *in-fol.*

1770 Mémoires ſur la vie & la mort de Louiſe Juliane, Electrice Palatine. *Leyde*, 1645, *in-4.*

1771 Mémoires de Jean de Wit, grand Penſionnaire de Hollande. *La Haye*, 1709, *in-12.*

1772 Mémoires du Comte de Guiche, concernant les Provinces Unies des Pays-Bas. *Utrecht*, 1744, 2 *vol. in-12.*

1773 La Vie de Corneille Tromp, Amiral de Hollande. *La Haye*, 1695, 2 *vol. in* 12.

HISTOIRE D'ANGLETERRE, D'ÉCOSSE ET D'IRLANDE.

1774 Matthæi Paris Hiſtoria major, ſeu Anglorum Hiſtoria, cum additionibus Wilhelmi Wats. *Londini*, 1640, 2 *vol. in-fol.*

1775 Hiſtoire générale d'Angleterre, d'Ecoſſe & d'Irlande, par André du Cheſne. *Paris*, 1614, *in-fol.*

1776 Hiſtoire d'Angleterre, d'Écoſſe & d'Irlande, par Iſaac de Larrey. *Rotterdam*, 169 & 1698, 2 *vol. in-fol.*

1777 Hiſtoire d'Angleterre, par le Chevalier Temple. *Amſt.* 1744, *in-12.*

1778 Hiſtoire d'Angleterre, par Paul de Rapin Thoyras, avec la continuation, & les remarques hiſtoriques de Tindal. *La Haye*, 1726 *& ſuiv.* 15 *vol. in-4.*

1779 Hiſtoire de la Maiſon de Plantagenet, trad. de l'angl. de David Hume, (par Belot.) *Amſt.* (*Paris*,) 1765, 2 *vol. in-4.*

1780 Hiſtoire de la Maiſon de Tudor, par la même. *Amſt.* (*Paris*,) 1763, 2 *vol. in-4.*

1781 Hiſtoire de la Maiſon de Stuart, trad. de l'angl. du même, par l'Abbé Prevoſt. *Londres*, (*Paris*,) 1760, 3 *vol. in-4.*

1782 Hiſtoire d'Angleterre, trad. de l'angl. de Smolett, par Targe. *Orléans*, 1759, 19 *vol. in-12.*

1783 Hiſtoire d'Angleterre pour ſervir de continuation

tinuation aux Histoires de Smolett & de Hume,
par le même Targe. *Londres,* (*Paris,*) 1768,
5 *vol. in-*12.

1784 Nouvel Abrégé Chronologique de l'Histoire
d'Angleterre, trad. de l'Angl. de Salmon. *Paris,*
1751, 2 *vol. in-*8.   5 · 19

1785 Abrégé de l'Histoire d'Angleterre, trad. de
l'Angl. de Higgons. *La Haye,* 1729, *in-*8.

1786 Élémens de l'Histoire d'Angleterre, par
l'Abbé Millot. *Paris,* 1769, 2 *vol. in-*12.   3 · 8

1787 Chronique des Rois d'Angleterre, par Na-
than Ben Saddi. *Londres,* 1750, *in-*12.   1 · 15

1788 Histoire des Révolutions d'Angleterre, par
le P. d'Orléans. *Paris,* 1724, 4 *vol. in-*12. *fig.*   5 · 15

1789 Le Génie Anglois, ou Abrégé des Révolutions fréquentes de la Grande Bretagne. *Du-
blin,* 1723, *in-*12.   1 · 12

1790 Histoire Navale d'Angleterre, traduite de
l'Angl. de Thomas Lédiard. *Lyon,* 1751, 3
*vol. in-*4.   9

1791 Fœdera, conventiones, litteræ & cujuscum-
que generis acta publica inter Reges Angliæ,
& aliosquos vis Imperatores, Reges, Pontifices,
Principes, &c. in lucem missa, à Thoma Rymer
& Rob. Sanderson. *Hagæ comitum,* 1745, 10
vol. in-fol.   11 · 19

1792 Histoire du Démêlé de Henri II. Roi d'Angleterre, avec Thomas Becket, Archevêque de
Cantorberi. *Amst.* 1756, *in-*12.

1793 Mémoires d'Angleterre contenant l'Histoire
des deux Roses. *Amst.* 1726, *in-*12.   1 · 7

1794 Histoire de Henri VII, par de Marsollier.
Paris, 1697, 2 *vol. in-*12. *mar. rouge.*   3 · 12

1794 * Le Secret des Cours, ou les Mémoires de

Walfingham , Secrétaire d'Etat fous la Reine Élifabeth. *Cologne*, 1695, *in-12.*

1795 Mémoires & Inftructions pour les Ambaffadeurs , ou Lettres & Négociations de Walfingham , trad. de l'Angl. par Louis Boulefteis de la Contie. *Amft.* 1700, *in-4.*

1796 Mémoires de Melvill, traduits de l'Anglois. *Édimbourg* , 1745 , 3 *vol. in-12.*

1797 La Vie d'Elifabeth , Reine d'Angleterre. *La Haye*, 1741, 2 *vol. in-12. fig.*

1798 Lettres & Négociations du Chevalier Carleton , depuis 1616 jufqu'en 1620 , trad. de l'Angl. *La Haye*, 1759, 3 *vol. in-12.*

1799 Mémoires d'Edmond Ludlow , trad. de l'Angl. *Amft.* 1699 & 1707, 3 *vol. in-12.*

1800 Hiftoire des Troubles de la Grande Bretagne , par Robert Mentet de Salmonet. *Paris,* 1661, *in-fol.*

1801 Joan. Miltoni Defenfio pro Populo Anglicano, adverfus Salmafii Defenfionem Regiam. *Londini.* 1651, *in-12.*

1802 Pro Rege & Populo Anglicano Apologia, contra Miltoni Defenfionem , autore Joh. Bramhall. *Antuerpiæ*, 1651 , *in-12.*

1803 Hiftoire de la Rébellion & des Guerres civiles d'Angleterre, par Edouard , Comte de Clarendon. *La Haye*, 1704, 6 *vol. in-12.*

1804 Hiftoire de Guillaume III. Roi d'Angleterre, par Chevalier. *Amft.* 1692 , *in-fol.*

1805 Hiftoire de Guillaume III. Roi d'Angleterre. *Amft.* 1703, 3 *vol. in-12.*

1806 Relation de la Conduite de la Ducheffe de Malborough à la Cour depuis qu'elle y entra, jufqu'en 1710. *La Haye*, 1742 , *in-12.*

1807 Hiftoire du Règne de la Réine Anne d'Angleterre, par Jon. Swift. *Amft.* 1765, *in-12.*

1808 Mémoires de la Vie de Milord Duc d'Ormond. *La Haye*, 1737, *in-12.*

1809 Conduite de l'Angleterre & de l'Efpagne, où l'on démontre les motifs qui ont engagé S. M. C. à s'emparer de la Sardaigne, & à entreprendre la Conquête de la Sicile. *Amft.*, 1720, *in-12.*

1810 Mémoires de J. Ker de Kerfland, contenant fes Négociations en Ecoffe, en Angleterre, à Vienne, Hanovre &c. *Rotterdam*, 1726, *in-8.*

1811 Hiftoire du Miniftere du Chevalier Rob Wolpool. *Amft. (Paris,)* 1764, *3 vol. in-12.*

1812 Les Délices de la Grande Bretagne & de l'Irlande, par James Beeverell. *Leyde*, 1707, *8 tomes en 9 vol. in-12.*

1813 Hiftoria & Antiquitates Univerfitatis Oxonienfis, autore Antonio à Vood. *Oxonii*, 1674, *in-fol.*

1814 Differtation fur l'ancienne Jonction de l'Angleterre à la France, par Defmarets. *Amiens*, 1753, *in-12.*

1815 Les vraies Caufes des derniers Troubles d'Angleterre, abrégé d'hiftoire où les Droits du Roi & ceux du Parlement & du Peuple font repréfentés. *Orange*, 1653, *in-8.*

1816 Hiftoire du Droit Héréditaire de la Couronne de la Grande Bretagne, écrite en faveur du Prince de Galles. *La Haye*, 1714, *2 vol. in-8.*

1817 Recueil de Pieces fur le Gouvernement d'Angleterre, par Milord B***, trad. de l'Angl. *La Haye*, 1734, *in-12.*

1818 Hiftoire du Parlement d'Angleterre, par

l'Abbé Raynal. *Londres*, 1748.—*Dans le même vol.* Histoire du Stathouderat, par le même. *La Haye, 1748, in-12.*

1·10 1819 Coup d'œil anglois fur les Cérémonies du Mariage, avec des notes, & les Aventures de M. Harry & de fes fept Femmes. *Génève, 1750, in-12.*

6 1820 Hiftoire d'Ecoffe fous les Règnes de Marie Stuart & Jacques VI. trad. de l'Angl. de Guill. Robertfon *Londres, (Paris,) 1764, 3 vol. in-12.*

13·4 1821 Hiftoire de l'Irlande ancienne & moderne, par l'Abbé Ma-Geoghegan. *Paris, 1758, 3 vol. in-4.*

HISTOIRE D'ESPAGNE ET DE PORTUGAL.

13 1822 Annales d'Efpagne & de Portugal, avec la Defcription de ces Royaumes, par Juan Alvarez de Colmenar. *Amft. 1741, 8 vol. in-12. fig.*

2·10 1823 Hiftoire générale d'Efpagne, par Louis de Mayerne Turquet., *Paris, 1608, in-fol.*

47 1824 Hiftoire générale d'Efpagne, traduite de l'Efpagnol de Jean de Ferreras, avec des notes, par d'Hermilly. *Paris, 1751, 10 vol. in-4.*

1825 Hiftoire abrégée d'Efpagne, depuis qu'elle a commencé d'être habitée jufqu'à préfent. *Utrecht, 1703, in-12.*

1·19 1826 Abrégé de l'Hiftoire d'Efpagne & de France, par demandes & réponfes. *Bruxelles, 1705, in-12.*

1827 Abrégé de l'Hiftoire d'Efpagne, par le Pere du Chefne. *Paris, 1741, in-12.*

7·10 1828 Abrégé Chronologique de l'Hiftoire d'Efpagne & de Portugal. *Paris, 1765, 2 vol. in-8.*

1829 Abrégé Chronologique de l'Histoire d'Espagne, par Desormeaux. *Paris*, 1759, 5 *vol. in*-12.

1830 Histoire des Révolutions d'Espagne, par le Pere d'Orléans. *Paris*, 1734, 3 *vol. in*-4.

1831 Histoire de la Conquête d'Espagne par les Mores, traduite de l'Arabe d'Abulcacim Tariff Abentariq, par Mich de Luna. *Paris*, 1680, 2 *vol. in*-12.

1832 Politique de Ferdinand le Catholique, Roi d'Espagne, par Varillas. *Amst.* 1688, 3 *vol. in*-12.

1833 Histoire de Consalve de Cordoue, par le Pere du Poncet. *Paris*, 1724, 2 *vol. in*-12.

1834 Histoire du Ministere du Cardinal Ximenès, par Marsollier. *Toulouse*, 1694, 2 *vol. in*-12.

1835 Anecdotes du Ministere du Comte Duc d'Olivarès, traduites de Vittorio Siri, par de Valdori. *Paris*, 1722, *in*-12.

1836 Relation des Différends arrivés en Espagne entre D. Juan d'Autriche & le Cardinal Nitard. *Cologne*, 1677, 2 *tomes* en 1 *vol. in*-12.

1837 La Vie du Duc de Riperda, Grand d'Espagne. *Amst.* 1739, 2 *tomes* en 1 *vol. in*-8.

1838 Testament Politique du Cardinal Jules Alberoni. *Lausanne*, 1753, *in*-12.

1839 Mémoires pour servir à l'Histoire d'Espagne sous le règne de Philippe V. trad. de l'Espagnol du Marquis de S. Philippe. *Amst.* (*Paris*,) 1756, 4 *vol. in*-12.

1840 Histoire du Connétable de Lune, Favori de Jean II, Roi de Castille & de Léon. *Paris*, 1720, *in*-12.

1841 Histoire de Portugal, contenant les gestes

des Portugallois en la Conquête des Indes Orientales, traduite du Latin d'Oſorius. 1581, *in-fol.*

1842 Révolutions de Portugal, par l'Abbé de Vertot. *Paris*, 1750, *in-12.*

1843 Hiſtoire de Portugal, par de la Clede. *Paris*, 1735, 8 *vol. in-12.*

1844 Mémoires de M. d'Ablancourt, Envoyé de Louis XIV. en Portugal. *Paris*, *in-12.*

1845 La Vie de Marie de Savoie, Reine de Portugal, & de l'Infante Iſabelle ſa fille, par le Pere d'Orléans. *Paris*, 1696, *in-12.*

HISTOIRE DES PEUPLES DU NORD.

1846 Abrégé Chronologique de l'Hiſtoire du Nord, par la Combe. *Paris*, 1762, 2 *vol. in-8.*

1847 Hiſtoire des Révolutions de Suede, par l'Abbé de Vertot. *Paris*, 1736, 2 *vol. in-12.*

1848 Le Soldat Suedois, ou Hiſtoire de ce qui s'eſt paſſé depuis la venue du Roi de Suede en Allemagne juſqu'à ſa mort. *Rouen*, 1642, *in-8.*

1849 Hiſtoire de Guſtave Adolphe, Roi de Suede. *Amſt.* 1764, 4 *vol. in-12.*

1850 Mémoires de ce qui s'eſt paſſé en Suede & autres Provinces voiſines, depuis 1645 juſqu'en 1655, par Linage de Vauciennes. *Cologne*, 1677, 3 *vol. in-12.*

1851 Hiſtoire de la Vie de la Reine Chriſtine de Suede. *Stokolm*, 1677, *in-12.*

1852 Memoires concernant Chriſtine, Reine de Suede, ſuivis de deux ouvrages de cette ſavante Princeſſe. *Amſt.* 1751, 2 *vol. in-4.*

1853 Hiſtoire de Chriſtine, Reine de Suede, par la Combe. *Paris*, 1762, *in-12.*

1854 Histoire de Charles XII. Roi de Suede, par de Voltaire. *Basle*, 1732, *in-8.*   1 . 16

1855 Histoire Militaire de Charles XII. depuis 1700 jusqu'en 1709, par Gustave Adlerfeld. *Paris*, 1741, 3 *vol. in-12.*   6

1856 Mémoires de Maximilien Emanuel, Duc de Wirtemberg, contenant plusieurs particularités du règne de Charles XII. *Amst.* 1740, *in-12.*

1857 Etat présent de la Suede, avec un Abrégé de l'Histoire de ce Royaume, trad. de l'Angl. de Robinson. *Amst.* 1720, *in-12.*

1858 Actes de la Diette de Suede des années 1755 & 1756, *in-12.*   1 . 5

1859 Etat du Royaume de Dannemarck tel qu'il étoit en 1692, par de Molesworth. *Amst.* 1695, *in-12.*

1860 Mémoires de Molesworth, Ambassadeur d'Angleterre en Dannemarck en 1692. *Nancy*, 1695, *in-12.*   1 . 4

1861 Abrégé Chronologique de l'Histoire de Pologne. *Dresde*, 1763, *in-8.*

1862 Histoire générale de Pologne, par le Chevalier de Solignac. *Paris*, 1750. 5 *vol. in-12.*   5 . 4

1863 Les Anecdotes de Pologne, ou Mémoires secrets du règne de Jean Sobieski, troisieme du nom. *Paris*, 1700, 2 *vol. in-12.*   2 . 10

1864 Histoire de la Sciffion, ou Division de Pologne en 1697, au sujet de l'Election du Roi, par de la Bizardiere. *Paris*, 1699, *in-12.*

1865 Recueil de Pieces sur la Pologne, dont exposé fidele de ce qui s'est passé à l'Election du Roi de Pologne, tenue entre Varsovie & le Village de Wole en 1733, & autres Pieces. 1 *vol. in-4.*   1 . 7

K iv

1 · 9 **1866** Hiſtoire de Staniſlas Ier, Roi de Pologne, Duc de Lorraine & de Bar. *Londres*, 1741, 2 tomes en 1 vol. *in-12*

1 **1867** La Voix libre du Citoyen, ou Obſervations ſur le Gouvernement de Pologne, par le Roi Staniſlas. 1749, *in-12*.

1 **1868** Hiſtoire des Révolutions de l'Empire de de Ruſſie, par la Combe. *Paris*, 1660, *in-12*.

2 · 2 **1869** Hiſtoire de Pierre Ier. ſurnommé le Grand, Empereur de toutes les Ruſſies. *Amſt.* 1742, *in-4*.

1 2 **1870** Anecdotes du Règne de Pierre le Grand, Czar de Moſcovie. 1744, *in-12*.

HISTOIRE DE L'ASIE.

59 **1781** Bibliothéque Orientale, par d'Herbelot de Molainvllle. *Paris*, 1697, *in-fol*.

2 · 12 **1872** Hiſtoire des Arabes, avec la Vie de Mahomet, par le Comte de Boulainvilliers. *Amſt.* 1731, 2 tomes en 1 vol. *in-12*.

5 **1873** La Vie de Mahomet, traduite & compilée de l'Alcoran, des traditions authentiques de la Sonna, & des meilleurs auteurs Arabes, par Jean Gagnier. *Amſt.* 1732, 2 vol. *in-12*.

11 · 14 **1874** Hiſtoire des Révolutions de l'Empire des Arabes, & Hiſtoire des Arabes ſous le Gouvernement des Califes, par l'Abbé de Marigny. *Paris*, 1750, 8 vol. *in-12*.

1 · 16 **1875** Hiſtoire des Sarazins, trad de l'Anglois de Simon Ockley. *Paris*, 1748, 2 vol. *in-12*.

3 · 2 **1876** Hiſtoire de Saladin, par Marin. *Paris*, 1758, 2 vol. *in-12*.

2 · 19 **1877** Hiſtoire des Turcs, contenant l'Hiſtoire de la décadence de l'Empire Grec, & l'établiſſe-

ment de celui des Turcs, trad. du Grec de Chalcondyle, par Blaise de Vignere. *Paris*, 1662, 2 *vol. in-fol.*

1878 Histoire de l'Empire Ottoman, traduite de l'Ital. de Sagredo, par Laurent. *Amst.* 1724, 7 *tomes en* 5 *vol. in-12.*

1879 Histoire des Révolutions de l'Empire de Constantinople, par de Burigny. *Paris*, 1750, 3 *vol. in-12.*

1880 Histoire de l'Impératrice Irene. *Amst.* 1762, *in-12.*

1881 Histoire du *Sérail* du Grand Seigneur, ensemble l'Histoire de la Cour du Roi de la Chine, par Michel Baudier. *Paris*, 1631, *in-4.*

1882 Athennes ancienne & moderne, contenant la Vie de Mahomet IV. par de la Guilletiere. *Paris*, 1675, *in-12.*

1883 Histoire des Grands Visirs Mahomet Coprogli Pacha, & Achmet Coprogli Pacha, par de Chassepol. *Paris*, 1679, 3 *vol. in-12.*

1884 Les Mémoires du Voyage du Marquis de la Ville, ou l'Histoire du Siege de Candie, par François Savinien d'Alquié. *Amst.* 1671, *in-12.*

1885 Histoire de Thamas Kouli Kan, nouveau Roi de Perse, par l'Abbé de Clauftre, *Paris*, 1742, *in-12.*

1886 L'Espion de Thamas Kouli Kan dans les Cours de l'Europe, trad. du Persan, par l'Abbé de Rochebrune. *Cologne*, 1746, *in-12.*

1887 Parallele de l'expédition d'Alexandre dans les Indes, avec la conquête des mêmes contrées par Thamas Kouli Kan, par de Bougainville. 1752, *in-8.*

1888 Essai sur les Troubles actuels de Perse & de Géorgie. *Paris*, 1754, *in-8.*

4. 8 1889 Histoire des Indes Orientales anciennes & modernes, par l'Abbé Guyon, avec la critique dudit ouvrage. *Paris*, 1744, 4 *vol. in-12.*

2 - 10 1890 Du Royaume de Siam, par de la Loubere. *Paris*, 2 *vol. in-12. fig.*

1 - 12 1891 Histoire de M. Constance, premier Ministre du Roi de Siam, par le Pere d'Orléans. *Paris*, 1692, *in-12.*

1892 Description de l'Isle Formose en Asie, dressée sur les Mémoires de Georges Psalmanazaar. *Amst.* 1705, *in-12. fig.*

1. 7 1893 Histoire, ou Police du Royaume de Gala, trad. de l'Angl. par l'Abbé de Brancas. *Londres*, 1754, *in-12.*

6. 2 1894 Conquêtes des Moluques par les Espagnols, les Portugais & les Hollandois, trad. de l'Espag. d'Argensola. *Amst.* 1706, 3 *vol. in-12.*

1 1895 Histoire de Genghis kan, par Petis de la Croix. *Paris*, 1710, *in-12.*

1. 10 1896 Histoire moderne des Chinois, des Japonois, des Indiens, des Persans, des Turcs. &c. par l'Abbé de Marsy, *Paris*, 1754, 2 *vol. in-12.*

2 - 15 1897 Nouveaux Mémoires sur l'état présent de la Chine, par le Pere Louis le Comte. *Paris*, 1697, 2 *vol. in-12. fig.*

32 - 12 1898 Lettres édifiantes & curieuses écrites des Missions étrangeres. *Paris*, 1727 & *suiv.* 27 *vol. in-12.*

HISTOIRE DE L'AFRIQUE.

1899 Histoire d'un Esclave qui a été quatre années dans les prisons de Sallé en Afrique, avec un abrégé de la Vie du Roi de Taffilette ; par Gallonyé. *Paris*, 1679, *in-12.*

1900 Hiftoire de Mouley Mahamet, fils de Mouley Ifmaël, Roi de Maroc. *Genève*, 1749, *in-12.*

HISTOIRE DE L'AMÉRIQUE.

1901 La Vie de Chriftophe Colomb, trad. par Cotolendy. *Paris*, 1681, 2 *vol. in-12.*

1902 Defcription des Indes Occidentales, trad. de l'Efpag. d'Antoine de Herrera. *Amft.* 1622, *in-fol.*

1903 Hiftoire du Nouveau Monde, ou Defcription des Indes Occidentales, par Jean de Laet. *Leyde, Elzevir*, 1640, *in-fol. fig.*

1904 Hiftoire des Navigations aux Terres Auftrales. *Paris*, 1756, 2 *vol. in-4.*

1905 Hiftoire, ou Defcription générale de la Nouvelle France, par le P. de Charlevoix. *Paris*, 1744, 3 *vol. in-4.*

1906 Relation des Miffions du Paraguay, trad. de l'Ital. de Muratori, par le P. de Lourmel. *Paris*, 1754, *in-12.*

1907 Hiftoire du Paraguay, par le P. de Charlevoix. *Paris*, 1756, 3 *vol. in-4.*

1908 Hiftoire de la Conquête du Mexique, trad. de l'Efpagnol d'Ant. de Solis, par Citry de la Guette. *Paris*, 1691, *in-4. fig.*

1908 * La même. *Paris*, 1714, 2 *vol. in-12. fig.*

1909 Hiftoire des Ifles de S. Chriftophe, de la Guadeloupe, de la Martinique & autres, par J. B. du Tertre. *Paris*, 1654, *in-4.*

HISTOIRE GÉNÉALOGIQUE.

1910 Traité de la Nobleffe & de fes différentes efpéces, par Gilles-André de la Roque. *Paris, 1678, in-4.*

1911 Le même, nouvelle édition augmentée. *Rouen, 1734, in-4.*

1912 Le vrai Théâtre d'honneur & de Chevalerie, par Marc de Wulfon de la Colombiere. *Paris, 1648, 2 vol. in-fol.*

1913 Dictionnaire généalogique héraldique. *Paris, 1757, 3 vol. in-8.*

1914 Tablettes hiftoriques, généalogiques & chronologiques, par Chazot de Nantigny. *Paris, 1749 & fuiv. 7 vol. in-24, manq. le quatriéme.*

1915 Effai fur la Nobleffe de France, contenant une differtation fur fon origine & abaiffement, par le Comte de Boulainvilliers. *Amft. 1732. in-12.*

1916 Hiftoire généalogique de la Maifon de France, par Scevole & Louis de Sainte Marthe. *Paris, 1647. 2 vol. in-fol.*

1917 Hiftoire généalogique de la Maifon de France, & des grands Officiers de la Couronne, par le Pere Anfelme. *Paris, 1712, 2 vol. in-fol.*

1918 La même, augmentée par les Peres Ange & Simplicien. *Paris, 1726, 1733, 9 vol. in-fol.*

1918* Armorial général de la France, par d'Hofier. *Paris, 1738, & ann. fuiv. 7 vol. in-fol.*

1919 Traité de la Nobleffe des Capitouls de Touloufe. *Touloufe, 1707, in-4.*

1920 Hiftoire généalogique de la Maifon d'Auvergne, par Etienne Baluze. *Paris, 1708, 2 vol. in-fol. gr. pap.*

1921 Hiſtoire généalogique de la Maiſon de Beauveau, par Scevole & Louis de Sainte Marthe.
Paris, 1626, in fol.

1922 Hiſtoire de la Maiſon de Montmorency,
par Deſormeaux. Paris. 1764, 5 vol. in-12

1923 Hiſtoires généalogiques des Maiſons de
Béthune, des Chaſteigniers, de Chatillon ſur
Marne, de Dreux, de Montmorency, de Laval
& de Vergy, par André du Cheſne. Paris 1625-
1639, 7 vol. in-fol.

1924 Hiſtoire de la Maiſon de Luxembourg, par
Nicolas Vignier, avec des Obſervations par
André du Cheſne. Paris, 1617, in-8.

1925 Mémoire ſur l'article du P. Simplicien, qui
parle de la branche de Montmorency-Chateau-
brun. in-4.

1926 Hiſtoire généalogique de la Maiſon de Saſſe-
nage, par Nicolas Chorier. Grenoble 1669, in-12.

1927 Hiſtoire généalogique de la Maiſon de Surgeres en Poitou, par Louis Allard. Paris, 1717.
in fol.

19 8 Diſſertation pour ſervir à l'Hiſtoire de Romée
de Villeneuve, Baron de Vence, par Dom
Vaiſlette. Paris, 1751, in-12.

1929 Généalogie de Chaſtellard, anciennement
d'Hauterive, par d'Hozier. 1756, in-fol.

1930 Les Généalogies des Maîtres des Requêtes,
par Blanchard. Paris, 1670, in-fol.

1931 Mémoires ſur l'origine des Maiſons & Duchés
de Lorraine & de Bar-le-Duc, par Louis Chantereau le Febvre. Paris, 1642, in-fol.

1932 Hiſtoire généalogique de la Maiſon du
Chaſtelet, branche puinée de la Maiſon de Lorraine, par Auguſtin Calmet. Nancy, 1741,
in-fol.

1933 Les Marques d'Honneur de la Maison de Taffis. *Anvers, 1645, in-fol.*

ANTIQUITÉS.

1934 L'Antiquité expliquée, par D. Bernard de Montfaucon, avec le Supplément. *Paris 1722 & 1757, 15 vol. in-fol. gr. pap.*

1935 Recueil d'Antiquités Egyptiennes, Etrufques, Grecques & Romaines, par le Comte de Caylus. *Paris, 1752, 1756, 4 vol. in-4.*

1936 Sacrorum Sacrificiorumque Gentilium defcriptio, autore J. Guill. Stuckio. *Tiguri, 1598.* —*dans le même vol.* Rodolphi Hofpiniani, libri III. de origine, progreffu ceremoniis & ritibus feftorum Dierum Judeorum, Græcorum, Romanorum & Turcarum. *Tigury, 1592, in-fol.*

1937 Réponfe à l'Hiftoire des Oracles de Fontenelle, *Strafb. 1707, 1708, 2 vol. in-8.*

1938 Du Culte des Dieux Fétiches. *Paris, 1760; in-12.*

1939 Differtation fur les Triremes ou Vaiffeaux des Anciens, par le Pere de Languedoc. *Paris, 1721, in-12.*

1940 Effai fur la Marine des Anciens, & particulierement fur leurs Vaiffeaux de guerre, par des Landes. *Paris, 1748, in-12.*

1941 Hiftoire du Commerce & de la Navigation des Egyptiens, fous le regne des Ptolemées, par Ameilhon. *Paris, 1766, in-12.*

1942 Hiftoire du Commerce & de la Navigation des Peuples anciens & modernes. *Paris, 1758, 2 vol. in-12.*

1943 Jof. Laurentii Lucenfis Polymathia, five

variæ antiquæ eruditionis libri VI. *Lugd.* 1666. *in-fol.*

1944 Henrici Kippingi Antiquitatum Romanorum, libri IV. *Franequeræ,* 1684, *in-8.*

1945 Abrégé des Antiquités Romaines. *Paris,* 1733, *in-16.*

1946 Obſervations ſur les Antiquités de la Ville d'Herculanum, par Cochin & Bellicard. *Paris,* 1754, *in-12. fig.*

1947 Introduction à la connoiſſance des Médailles, par Charles Patin. *Padoue,* 1691, *in-12. fig.*

1948 Numiſmata Imperatorum Romanorum, per Joan. Vaillant. *Pariſiis* 1674. —*Dans le même vol.* Numiſmata Imperatorum Auguſtorum & Cæſarum, à Joan. Vaillant. *Pariſiis,* 1698, *in-4.*

1949 Numiſmata Ærea Imperatorum Auguſtorum & Cæſarum, autore Joan. Foy-Vaillant. *Pariſiis* 1688, *in-fol.*

1950 Muſeum regium, ſeu Catalogus rerum tam Naturalium quam artificialium præcipue ad antiquitatem pertinentium quæ in Bibliotheca Chriſtiani V. Danis Regis Hafniæ aſſervantur, deſcriptus ab Oligero Jacobæo. *Hafniæ,* 1696, *in-fol fig.*

1951 Recueil de Médailles de Rois, de Peuples & de Villes, qui n'ont point encore été publiées. *Paris,* 1762, 1763, 4 *vol. in-4.*

1952 Explication de la Moſaïque de Paleſtrine, par l'Abbé Barthelemy. *Paris,* 1760, *in-4. fig. br.*

1953 J. Guil. Stuckii antiquitatum convivialium libri III. *Francofurti,* 1613, *in-fol.*

1954 Octav. Ferrarii, libri VII. de re Veſtiaria. *Patavii,* 1654, *in-4.*

1955 Andreæ Baccii de Thermis libri VII. *Venetiis,* 1538, *in-fol.*

1956 Francifci Junii libri III. de Pictura veterum, emendati & aucti à Joan. Georg. Grævio. Roterodami, 1694, in-fol.

1957 Le vrai & ancien ufage des Duels, confirmé par l'exemple des plus illuftres combats & défis, par d'Audiguier. *Paris*, 1617, *in-8*.

1958 Differtation hiftorique fur les Duels & les Ordres de Chevalerie, par M. D***. *Amft.* 1720, *in-8*.

1959 Mémoires pour fervir à l'Hiftoire de la Fête des Fous, par du Tilliot. *Laufanne*, 1751, *in-8. fig.*

1960 J. Georg. Altmanni exercitatio Hiftorico-critica de Tefferis Badæ Helvetiorum erutis. *Bernæ*, 1750, *in-4*.

1961 Recherches hiftoriques fur les Cartes à jouer, avec des notes, par Bullet. *Lyon*, 1757, *in-12*.

VIES DES HOMMES ILLUSTRES,
Anciens & Modernes.

1962 Les Vies des Hommes illuftres de Plutarque, trad. en françois, avec des Remarques par André Dacier. *Paris*, 1734, 9 *vol. in-4*.

1963 Réflexions politiques & morales fur les Hommes illuftres de Plutarque. *Paris*, 1754, 4 *vol in-12*.

1964 Eunapius Sardinius de Vitis Philofophorum & Sophiftarum e græco in latinum verfus ab Hadriano Junio. *Antuerpiæ*, 1568, *in-8*.

1965 Hiftoire des fept Sages, par Ifaac de Larrey. *Rotterdam*, 1714, *in-12*.

1966 Eloges & Caracteres des Philofophes, par Dupont Bertris. *Paris*, 1726, *in-12*.

1967

1967 Cornelius Nepos, de Vita excellentium Imperatorum, cum notis Nicolai Gourtin, ad ufum
Delphini. *Parifiis*, 1675, *in-4*.

1968 Cornelii Nepotis excellentium Imperatorum
vitæ. *Londini*, 1744, *in-12*.

1969 Cornelius Nepos, latin & françois, avec des
notes & la Vie de l'Auteur. *Paris*, 1744 *in-12*.

1970 Poëtes Grecs, de Tannegui le Févre, avec
Belphegor, Nouvelle traduite de Machiavel,
par le même. *Saumur*, 1664, *in-12*.

1971 Vies des anciens Orateurs Grecs. *Paris*,
1752, 2 *vol. in-12*.

1972 La Vie de Pytagore, fes Symboles, fes
Vers dorés, &c. traduite avec des Remarques par
Dacier. *Paris*, 1706, 2. *vol. in-12*.

1973 La Vie & les chofes mémorables de Socrate,
par Charpentier. *Amft.* 1699, *in-8*.

1974 La Vie de Socrate, trad. de l'anglois. *Amft.*
1751, *in-12*.

1975 Hiftoire d'Epaminondas, pour fervir de fuite
aux Hommes illuftres de Plutarque, par l'Abbé
Serran de la Tour, avec des Obfervations du
Chevalier Folard. *Paris*, 1739, *in-12*.

1976 Hiftoire de Philippe, Roi de Macédoine,
pour fervir de fuite aux Hommes illuftres de
Plutarque, par l'Abbé Serran de la Tour. *Paris*,
1740, *in-12*.

1977 Hiftoire de Scipion l'Africain, pour fervir de
fuite aux Hommes illuftres de Plutarque, par
l'Abbé Serran de la Tour, avec des Obfervations
du Chevalier Folard. *Paris*, 1738, *in-12. fig.*

1977 * La même. *Paris*, 1752, *in-8*.

1978 Vie de Mecenas, avec des notes, par Richer,
Paris, 1746, *in-8*.

L

1979 La Vie de Caſſiodore, par Franç. Denis de Sainte Marthe. *Paris*, 1695, *in-12.*

1980 Les vrais Portraits & Vies des Hommes illuſtres grecs, latins & payens, par André Thevet. *Paris*, 1584, *2 vol. in-fol.*

1981 Les Vies des Hommes illuſtres comparés les uns avec les autres, par A. Richer. *Paris*, 1756, *2 vol in-12.*

1982 Mémoires de Pierre de Bourdeille, Seigneur de Brantôme, contenant la Vie des Hommes illuſtres & grands Capitaines François & Etrangers, &c. *Leyde*, 1722 & 1743, *15 vol. in-12.*

1983 L'Europe illuſtrée, ou Recueil de Portraits d'Hommes illuſtres, gravés par les ſoins d'Odieuvre, avec l'Hiſtoire abrégée de chacun, par Dreux du Radier. *Paris*, 1755, *4 vol. in-4. gr. pap. br.*

1984 Mémoires concernant les Vies & les Ouvrages de pluſieurs modernes célébres dans la république des Lettres, par Charles Ancillon. *Amſterdam* 1709, *in-12.*

1985 Entretiens ſur les Vies des Peintres & des Architectes, par Félibien. *Amſterdam*, 1706, *6 vol. in-12.*

1986 La Vie des Peintres Flamands, Allemands & Hollandois, par J. B. Deſcamps. *Paris* 1753, *2 vol. in-8.*

1987 Abrégé de la Vie des plus fameux Peintres, avec leurs Portraits, par d'Argenville. *Paris*, 1745 & 1752, *3 vol. in-4.*

1988 Abrégé de la Vie des plus fameux Peintres, par d'Argenville. *Paris*, 1762, *4 vol. in-8. fig.*

1989 Les Vies des Hommes illuſtres de France, par du Caſtre d'Auvigny, continuées par l'Abbé

Pereau. *Amst.* (*Paris*) 1739 - 1757, 22 *vol in*-12.

1990 La Vie des grands & illustres Personnages qui ont excellé sous les regnes de Louis XII. jusques & compris Henri IV. par Jean Le Clerc. *Paris,* 1609, *in*-8.

1991 Vie de Louis Balbe Berton de Crillon, par Mlle. de Lussan. *Paris,* 1757, 2 *vol. in*-12.

1992 Vie du Cardinal du Perron, par de Burigny. *Paris,* 1768, *in*-12.

1993 Theod. Janssonii ab almeloveen, de vitis Stephanorum dissertatio. *Amstelodami* 1683. *in*-8.

1994 Mémoires sur la Vie de Pibrac. *Amst.* (*Paris*) 1761, *in*-12.

1995 Mémoires pour servir à l'Histoire de plusieurs Hommes illustres de Provence, par le P. Bougerel. *Paris,* 1752. *in*-12.

1996 La Vie de Pierre Abaillard & celle d'Heloïse, avec une Dissertation sur le Baptême des Morts, par D. Gervaise. *Paris* 1720, 2 *vol. in*-12.

1997 Abrégé de la Vie de Pierre Danès, Ambassadeur de François I. au Concile de Trente *Paris,* 1731. *in*-4.

1998 Mémoires de la Vie de Jacques-Auguste de Thou. *Rotterdam,* 1711, *in*-4.

1999 Vie de Pierre Pithou, avec quelques Mémoires sur son Pere & sur ses Freres, par Grosley. *Paris,* 1756, 2 *vol. in*-12.

2000 Vie d'Edmond Richer, par Adrien Baillet. *Liége* 1714, *in*-12.

2001 De Dionisii Salvagni Vita, autore Nicolao Chorerio: accedit ejusdem Chorerii Carminum liber. *Gratianopoli,* 1680, *in*-12.

2002 Cl. Pelleterii regni administri vita, Petri

Pithæi ejus proavi vita adjuncta, edente Joan. Boivin. *Parisiis*, 1716, *in*-4.

2003 Les Hommes illuftres qui ont paru en France pendant ce fiecle, avec leurs portraits au naturel, par Charles Perault. *Paris*, 1696 & 1700, 2 *vol. in-fol.*

2004 Hiftoire Littéraire du Règne de Louis XIV. par l'Abbé Lambert. *Paris*, 1751, 3 *vol. in-*4.

2005 La Vie de René des Cartes, par Adr. Baillet. *Paris*, 1691, 2 *vol. in*-4.

2006 La Vie de François Eudes de Mezeray. *Amft.* 1726, *in*-12.

2007 Vie de Jacq. Ben. Boffuet, Ev. de Meaux, par de Burigni. *Paris*, 1761, *in*-12.

2008 Vie de Jérôme Bignon, par l'Abbé Pérau. *Paris*, 1757, *in*-12.

2009 Vie de Nic. Pavillon, Ev. d'Alet. *S. Michel*, 1738, 3 *vol. in*-12.

2010 Vie de l'Abbé de Choify. *Laufanne*, 1742, *in*-8.

2011 Vie de Moliere, avec des Jugemens fur fes Ouvrages, par de Voltaire. *Paris*, 1739. —*Dans le même vol.* Eloge hiftorique de Couftou l'aîné, par de la Condamine. *Paris*, 1737, *in* 12.

2012 Mémoires fur la Vie de Jean Racine, donnés par Racine fon fils. *Laufanne*, (*Paris*,) 1747, 2 *vol. in*-12.

2013 Vie de Mignard, premier Peintre du Roi, par l'Abbé de Monville. *Paris*, 1730, *ia*-12.

2014 Mémoires pour fervir à l'Hiftoire de la Vie & des Ouvrages de Bern. de Fontenelle, par l'Abbé Trublet. *Amft.* 1759, *in*-12.

2015 Suite des Éloges des Académiciens de l'Académie des Sciences, par de Fontenelle. *Paris*, 1733, *in-*12.

2016 Éloges des Académiciens de l'Académie des Sciences, par Dortous de Mairan. *Paris*, 1747, *in-*12. } 1 · 10

2017 Le Parnasse François, par Titon du Tillet. *Paris*, 1732, *in-fol.*   8 · 15

2018 Mémoires sur la Vie de Mlle. de Lenclos. *Paris*, 1751, *in-*12.—*Dans le même vol.* Mémoires & Lettres pour servir à l'Histoire de la Vie de Mlle. de Lenclos. *Roterdam*, 1751, *in-*12.   1 · 5

2019 La Vie de Laurent de Médicis, trad. du Lat. de Valory, par l'Abbé Goujet. *Paris*, 1761, *in-*12.   1

2020 Mémoires pour la Vie de François Pétrarque, par l'Abbé de Sade. *Amsterdam*, 1764, 3 *vol. in-*12.   17

2021 Histoire des Vies & Faits de Mart. Luther, de Jean Oecolampade, de Hulric Zuingle, trad. par Théodore de Beze. *Orléans*, 1564.—*Dans le même vol.* La Légende dorée de du Moulin. *Paris*, 1641, *in-*8.   1 · 19

2022 Vie d'Erasme, par de Burigny. *Paris*, 1757, 2 *vol. in-*12.   2 · 12

2023 Vie de Grotius, avec l'Histoire de ses Ouvrages, & des Négociations auxquelles il a été employé, par de Burigny. *Paris*, 1752, 2 *vol. in-*12.   1 · 10

2024 Histoire de la Vie & des Ouvrages de la Croze, par Jordan. *Amst.* 1741, *in-*8.   1 · 16

HISTOIRE LITTÉRAIRE.

Histoire des Sciences & des Arts.

2024* Historia Philosophiæ, autore Thoma Stan-leio. *Lipsiæ*, 1711, *in-4.*

2025 Histoire critique de la Philosophie, par des Landes. *Amst.* 1737, 3 *vol. in-12.*

2026 Histoire générale de la Marine, son origine chez tous les peuples du monde, ses progrès, &c. composée sur les Mémoires de Boismelé. *Paris*, 1744, 2 *vol. in-4.*

2027 Histoire générale & particuliere de l'Astronomie, par Esteve. *Paris*, 1755, 3 *vol. in-12.*

2028 Clavis Diplomatica, cum notis Dan. Eberhardi Baringii. *Hanoveræ*, 1737, *in-4.*

2029 L'Art de vérifier les dattes des faits Historiques, des Chartres, des Chroniques, &c. par D. Clemencé. *Paris*, 1750, *in-4.*

2030 Histoire de l'Imprimerie & de la Librairie, par Jean la Caille. *Paris*, 1689, *in-4.*

2031 L'Origine de l'Imprimerie de Paris, par André Chevillier. *Paris*, 1694, *in-4.*

2032 Histoire de l'origine & des premiers progrès de l'Imprimerie, par Prosper Marchand. *La Haye*, 1740, *in-4.*

Histoire des Académies & leurs Mémoires.

2033 Relation contenant l'Histoire de l'Académie Françoise, par Paul Pelisson Fontanier. *Paris*, 1653, *in-8.*

2034 La même Histoire, avec des remarques &

la continuation, par l'Abbé Dolivet. *Paris,*
1729, in-4.

2035 Hiſtoire du renouvellement de l'Académie
des Sciences, en 1699, par de Fontenelle.
Paris, 1708, in-12.   } 2
2036 Hiſtoire de l'Académie des Sciences, avec
les Mémoires de Mathématique & de Phyſique,
pour l'année 1712. *Paris, 1714, in-4.*

2037 Hiſtoire & Mémoires de l'Académie des   109
Inſcriptions & Belles-Lettres, depuis ſon établiſſement juſqu'en 1746. *Impr. Roy.* 30 *vol. in-4.*
manquent les tomes 21, 25 *&* 26.

2038 Hiſtoire de l'Académie des Sciences & Bel-   6
les-Lettres depuis ſon origine juſqu'à préſent.
Berlin, 1752, 3 *vol. in-4.*

Traités de Bibliographie, ou Hiſtoire des
Auteurs & des Ouvrages.

2039 Traité des plus belles Bibliothéques publiques   1
& particulieres, par le Pere Louis Jacob, avec
l'avis pour dreſſer une Bibliothéque, par Gabr.
Naudé. *Paris,* 1644, 2 *vol. in-8.*
2040 Jugemens des Savans ſur les principaux Ou-   10 . 5
vrages des Auteurs, par Adrien Baillet, & l'An-
ti-Baillet, par Gilles Menage, avec les notes de
Bernard de la Monnoye. *Paris,* 1722 & 1730,
8 *vol. in-4.*
2041 Bibliothéque choiſie, par Paul de Colomies,   1
avec les notes de Bourdelot & de la Monnoye.
Paris, 1731, *in-12.*
2042 M. Auguſti Beyeri Memoriæ hiſtorico-cri-   3 . 10
ticæ librorum rariorum. *Dreſdæ,* 1734, *in-12.*
2043 Joan. Alberti Fabricii Bibliotheca Latina.   10 . 10
Venetiis, 1728, 2 *vol. in-4.*

2044 Ejusdem Fabricii Bibliotheca Latina mediæ & infimæ ætatis. *Hamburgi*, 1734, 1736, 5 *vol. in-8*.

2045 Marquardi Freheri Directorium in Chronologos, Annalium Scriptores & Historicos. *Norembergæ*, 1734, *in-4*.

2046 Bibliothéque Françoise, ou Histoire de la Littérature Françoise, par l'Abbé Goujet. *Paris*, 1740, *& suiv*. 18 *vol. in-12*.

2047 La France Littéraire, ou Dictionnaire des Auteurs françois vivans, par Formey. *Berlin*, 1757, *in-8*.

2048 Histoire Littéraire de la France, par des Religieux Bénédictins. *Paris*, 1733, 1750, 12 *vol. in-4*.

2049 Histoire de l'Eglise & des Auteurs ecclésiastiques des dix-sept premiers siecles, par Louis Ellies Dupin, avec l'Histoire des Auteurs ecclésiastiques du dix-huitieme siecle, par l'Abbé Goujet. *Paris*, 1688. 1736, 27 *vol. in* 8.

2050 Catalogue des Livres imprimés & Manuscrits de la Bibliothéque du Roi. *Paris*, 1739, 1754, 10 *vol. in-fol*.

2051 Catalogue des Livres de M. Bellanger, par Gab. Martin. *Paris*, 1740, *in-8*.

2052 Catalogue de la Bibliothéque de M. Bourret. par Boudot, *Paris*. 1735, *in-12*.

2053 Bibliotheca Bultelliana, seu Catalogus librorum Caroli Bulteo, à Gabr. Martin digestus. *Parisiis*, 1711, 2 *vol. in-8*.

2054 Catalogue des Livres de la Bibliothéque du Maréchal d'Estrées, par Jacq. Guerin. *Paris*, 1740, 2 *vol. in-8*.

2055 Catalogus Librorum Bibliothecæ Comitis de Hoym, digeſtus à Gabr. Martin. *Pariſiis,* 1738, *in-8.*   4

2056 Catalogue des Livres de M. Lancelot, par Martin. *Paris,* 1741, *in-8,*

2057 Catalogue des Livres & Eſtampes du Comte de Pontchartrain, diſpoſé avec des notes, par Boudot. *Paris,* 1747, *in-8.*   1

2058 Catologue des Livres de l'Abbé de Rothelin, par Gabr. Martin. *Paris,* 1746, *in-8.*   0 · 9

2059 Catalogue de la Bibliotheque de Rambouillet, appartenante à M. le Comte de Touloufe, par Martin. *Paris,* 1726, *in-8.*

2060 Bibliotheca exquiſitiſſima, collecta à Petro Vanderaa. *Lugd. Batav.* 1729, 3 *vol. in-8.*

2061 Catalogue des Livres de Madame la Comteſſe de Veriïe, par Martin. *Paris,* 1737, *in-8.*   1 · 10

2062 Catalogue des Livres de la Bibliothéque du Grand Conſeil, diſpoſé par Boudot. *Paris,* 1739, *in-8.*

2063 Catalogue des Livres de M. le Préſident Crozat de Tugny. *Paris,* 1751, *in* 8.   1 · 10

2064 Catalogus Librorum Bibliothecæ Guillelmi Baronis de Craſſier. *Leodii,* 1754, *in-8.*

2065 La Notice des Manuſcrits de la Bibliothéque de l'Eglife de Rouen, par l'Abbé Saas, corrigée par le P. Taſſin, avec la réfutation de l'écrit précédent, par l'Abbé Saas. *Rouen,* 1747, *in-12.*   1 · 2

2066 Bibliothéque annuelle & univerſelle pour les années 1748, 1749 & 1750, par l'Abbé Lavocat. *Paris,* 1751, 1754, 4 *vol. in-12.*   1 · 4

Mélanges de Littérature, & Ouvrages Périodiques.

2067 Mélange critique de Littérature recueilli des conversations de M. Ancillon. *Basle*, 1698, 3 *vol. in-12.*

2068 Nouveau Recueil de pieces fugitives d'Histoire & de Littérature, par l'Abbé Archimbauld. *Paris*, 1717, 4 *tomes en* 2 *vol. in-12.*

2069 Mélanges d'Histoire & de Littérature de Vigneul - Marville, (D. Bonaventure Dargone.) *Paris*, 1725, 3 *vol. in-12.*

2070 Recueil de Pieces d'Histoire & de Littérature. *Paris*, 1738, 4 *tomes en* 2 *vol. in-12.*

2071 Singularités historiques & littéraires, par Dom Liron. *Paris*, 1738, 2 *vol. in-12.*

2072 Essais sur divers sujets de Littérature & de Morale, par l'Abbé Trublet. *Paris*, 1749, 3 *vol. in-12.*

2073 Nouveaux Mémoires d'Histoire, de Critique & de Littérature, par l'Abbé d'Artigny. *Paris*, 1749 & *suiv.* 6 *vol. in-12.*

2074 Anecdotes Littéraires, ou Histoire de ce qui est arrivé de plus singulier aux Ecrivains françois depuis François Ier. jusqu'à nos jours. *Paris*, 1750, 2 *vol. in-12.*

2075 Journal des Savans depuis 1665, jusques & compris 1770. *Amst. & Paris*, 1684, & *suiv. in-12.*

2076 Nouvelles de la République des Lettres, depuis le mois de Mars 1684, jusqu'en Août 1701. *Amst.* 1684, 1702, 25 *vol. in 12.*

2077 Bibliotheque Universelle, par le Clerc. *Amst.* 26 *tomes en* 25 *vol. in-12. avec les tables.*

2078 La Bibliothéque choifie, par le même. *Amft.* *1712, 28 vol. in-12. avec la table.*

2079 Bibliothéque ancienne & moderne, par le même. *Amft. 1714, 29 vol. in-12. avec les tables.* } 60

2080 Hiftoire des Ouvrages des Savans, par Baf- 18
   nage. *Rotterdam, 1687, & fuiv. 26 vol. in-12.*

2081 Journal de Trévoux, depuis 1737, jufqu'en 54
   1770. *Paris, 1737 & fuiv. in-12.*

2082 Journal Littéraire, depuis le mois de Mai 7 . 5
   1713, jufqu'en 1734. *La Haye, 1715 à 1734.*
   21 vol. in-12.

2083 Mémoires de Littérature, par Henri de Sa-
   lengre. *La Haye, 1715, 2 vol. in-12.*

2084 Continuation de l'Ouvrage précédent, par } 11 . 12
   le Pere Defmoletz. *Paris, 1726, 11 tomes en*
   15 vol. in-12.

2085 Mémoires hiftoriques & critiques, pour
   l'année 1722. *Amft. 1722, 4 vol. in-8.*

2086 Bibliothéque Françoife, ou Hiftoire Litté- } 9 w
   raire de la France, depuis 1723 jufqu'en 1735.
   Amft. 1735, 21 tomes en 14 vol. in-8.

2087 Bibliothéque raifonnée des Ouvrages des 9
   Sçavans de l'Europe, depuis le mois de Juillet
   1728 jufqu'à la fin de 1738. *Amft. 1728 & fuiv.*
   21 vol. in-8.

2088 Nouvelle Bibliotheque, ou Hiftoire Litté- 3
   raire des principaux Ecrits qui fe publient, depuis
   Octobre 1738, jufqu'en Mars 1740. *La Haye,*
   1738, 6 vol. in-12.

2089 Bibliothéque Italique, ou Hiftoire Litté- 11
   raire de l'Italie, depuis 1728, jufqu'en 1734.
   Genève, 1728 & fuiv. 18 tomes en 6 vol. in-8.

2090 Bibliothéque Britannique, ou Hiftoire des 16
   ouvrages des Sçavans de la Grande Bretagne,

depuis Avril 1733, jufqu'en Décembre 1746.
La Haye, 1733, 27 *vol. in* 8.

2091 Le Nouvelifte du Parnaffe, par l'Abbé des
Fontaines. *Paris*, 1731, 3 *vol. in-*12.

2092 Obfervations fur les Ecrits modernes, par
le même. *Paris*, 1735, 33 *vol. in-*12.

2093 Jugemens fur quelques Ouvrages nouveaux,
par le même. *Avignon*, 1744, 10 *vol. in-*12.

2094 Le Contrôleur du Parnaffe, ou Préfervatif
contre les Jugemens de l'Abbé des Fontaines,
par l'Abbé de Gourné. *Berne* 1745, 2 *vol. in-*12.

2095 Le Pour & Contre, Ouvrage périodique par
l'Abbé Prevoft. *Paris*, 1733, 1737. 13 *vol.
in-*12.

2096 Obfervations fur la Littérature moderne,
par l'Abbé de la Porte. *Paris* 1749, 8 *vol. in-*12.

2097 Journal Etranger, pour les années 1754, 55,
56, 60 & 61, *in-*12.

2098 Le Journal Encyclopédique, commençant
en 1756, jufqu'en 1769.

2099 L'Année Littéraire, par Freron, commençant en 1754, jufqu'en 1769.

2100 Collection du Mercure Galant & de France,
depuis 1672, jufqu'en 1770.

2101 Choix des anciens Mercures, avec un Extrait
du Mercure François. *Paris*, 88 *tom.* en 49 *vol.
in-*12.

Mélanges et Dictionnaires historiques.

2102 Cl. Æliani variæ hiftoriæ gr. lat. cum notis
Jo. Schefferi. *Argentorati*, 1647, *in-*8.

2103 Idem Ælianus, à libro VIII. ad XIV. ex
emendatione Tanaquilli fabri. *Salmurii*, 1667,
*in-*12.

2104 Mémoires hiſtoriques, politiques, critiques & littéraires, par Amelot de la Houſſaye. *Amſt.* 1722, 2 *vol. in-12.*

2105 Variétés hiſtoriques, phyſiques & littéraires. *Paris*, 1752, 3 *tomes en* 6 *vol. in-12.*

2106 Supplément pour ſervir d'introduction aux Anecdotes hiſtoriques, ou Mémoires hiſtoriques, militaires & politiques de l'Europe, par l'Abbé Raynal. *Amſt.* 1754, *in-8.*

2107 Eſſai ſur les grands Evénemens, par les petites Cauſes, par Richer. *Paris* 1758, *in-12.*

2108 Commentationes hiſtoricæ & criticæ, autore Jo. Daniele Schoepflino. *Baſileæ*, 1741, *in-4.*

2109 Lexicon hiſtoricum, geographicum, poeticum, autore Carolo Stephano, & auctum à Federico Morello. *Pariſiis*, 1620, *in-4.*

2110 Dictionnaire théologique, hiſtorique, &c. par de Juigné. *Paris*, 1672, *in-4.*

2111 Le grand Dictionnaire hiſtorique de Louis Moreri, avec les Supplémens, par l'Abbé Goujet. *Paris*, 1732 & *ſuiv.* 10 *vol. in-fol.*

2112 Dictionnaire hiſtorique & critique, par Pierre Bayle. *Amſt.* 1697, 4 *vol. in-fol.*

2113 Supplément au Dictionnaire de Bayle, pour les éditions de 1702 & 1715. *Genève*, 1722, *in-fol.*

2114 Remarques critiques ſur le Dictionnaire de Bayle. *Paris*, 1748, 2 *tomes en* 1 *vol. in-fol.*

2115 Nouveau Dictionnaire hiſtorique & critique, pour ſervir de ſuite au Dictionnaire de Bayle, par Jacq. George de Chauffepié. *Amſt.* 1750, 3 *vol. in-fol.*

2116 Dictionnaire hiſtorique, par Proſper Marchand. *La Haye*, 1758, 2 *tomes en* 1 *volume in-fol.*

LIVRES OBMIS.

2119 Caractéres de la Charité, par l'Abbé Dugué. *Paris* 1727, *in-12.*

2120 Traité philofophique des Loix Naturelles, trad. du lat. de Rich. Cumberland, par Barbeyrac. *Amft.* 1744. *in-4.*

2121 Les Edits & Ordonnances des Rois, recueillis par P. Neron. *Paris*, 1685, *in-fol.*

2122 Journal des Audiences du Parlement, par Jean du Frefne & autres. *Paris* 1692, 5 *vol. in-fol.*

2123 Maximes journalieres du Droit François. *Paris*, 1749, *in-4.*

2124 Expofition abrégée des Loix. *Paris*, 1767, *in-8.*

2125 Les Œuvres de Seneque, traduites par Pierre du Ryer. *Paris*, 1659, 2 *vol. in-fol.*

2126 L'Ami des Hommes, ou Traité de la Population. *Avignon*, (*Paris*) 1756, 2 *vol. in-4.*

2127 Fragmens d'Architecture & Deffeins des Croifées du Louvre, par Fr. Blondel. *in fol.*

2128 Recueil des Plans, Coupes & Elévations du nouvel Hôtel-de-Ville de Rouen, par le Carpentier. *Paris*, 1758, *in-fol.*

2129 Architecture des Ponts, par Pitrou. *Paris*, 1756, *in-fol.*

2130 Nouvelle Méthode d'Encaiffement, par Tardif. *Paris*, 1757, *in-fol.*

2131 Myologie complette, en couleur, par Gautier. *Paris* 1747, *in-fol. max.*

2132 Grammaire générale & raifonnée de MM. de Port-Royal, donnée par Duclos. *Paris* 1754, *in-12.*

2133 Car. Du Cange Gloffarium mediæ & infimæ latini-tatis. *Lut. Par.* 1678, 3 *vol. in-fol.*

2134 Homeri Ilias & Ulyffea gr. cum Scholiis. *Bafilea*, 1535, *in-fol.*

2135 Les Olympiques de Pindare, traduites en françois par Sozzi. *Paris*, 1754, *in-12.*

2136 Les Œuvres de Pierre de Ronfard. *Paris* 1623, 2 *vol. in-fol.*

2137 Musarum Epinicia ob minorem Balearium expugnatam. *Parmæ*, 1757, *in-fol. m. r.* 2 · 10

2138 Aurelii Theodosii Macrobii opera ab Arnoldo Vesaliensi recognita. *Coloniæ*, 1526, *in fol.*

2139 Desiderii Erasmi, Phil. Melanchtonis, Thomæ Mori & Lud. Vivis epistolæ, ex editione Casp. Peuceri. *Londini*, 1642, 2 vol. *in-fol.* 3

2140 Réflexions critiques sur divers sujets. *Londres*, (*Paris*) 1751, *in-*12. 1 · 10

2141 Le Fatalisme, par le Chevalier de la Morliere. *Paris* 1769, 2 vol. *in-*12. 1 · 12

2142 Les Pensées de Pope. *Genéve*, 1766, *in-*12. 1 · 6

2143 Le Monde, ou la Description de ses Parties, Ouvrage commencé par Pierre Davity, & continué par J. B. de Rocoles. *Paris*, 1660, 6 vol. *in-fol.* 7 · 19

2144 Histoire de Ciceron, traduite de l'Anglois de Middleton, par l'Abbé Prevost. *Paris* 1743. 4 vol. *in-*12. 5 · 2

2145 Origine de la Grandeur de la Cour de Rome, par l'Abbé de Vertot. *Lausanne*, 1753, *in-*12. 2 · 5

2146 Tableau de l'Histoire de France, jusqu'à la fin du regne de Louis XIV. *Paris* 1766, 2 vol. *in-*12. 2

2147 Les Origines, ou l'ancien Gouvernement de la France, de l'Allemagne & de l'Italie. *La Haye*, (*Paris*) 1757, 4 vol. *in-*12. 8 · 10

2148 Histoires de Saint Louis, Phil. de Valois, du Roi Jean, de Charles V & Charles VI. par l'Abbé de Choisy. *Paris*, 1750, 4 vol. *in-*12. 6 · 15

2149 Histoire & Regne de Charles VI. par Mlle. de Lussan. *Paris*, 1753, 9 vol. *in-*12. 12 · 2

2150 Histoire des choses plus mémorables advenues dépuis l'an 1130, jusqu'à notre tems. *Mons*, 1634, *in-*4.

2151 De la Préséance des Rois de France sur les Rois d'Espagne, par Bulteau. *Paris*, 1674, *in-*4. 1

2152 Recueil de plusieurs Piéces curieuses servant à l'Histoire de Bourgogne, par Etienne Perard. *Paris*, 1644, *in-fol.* 2 · 10

2153 Histoire généalogique des Sires de Salins, par J. B. Guillaume. *Besançon*, 1757, *in-*4. 3

2154 Eloge de M. le Comte d'Argenson, par le Beau. *Paris*, 1765, *in-*8. 1 · 4

2155 Histoire & Commerce des Colonies Angloises dans l'Amérique septentrionale. *Londres*, 1755, *in-*12. 1 · 10

6   2156 Recueil des Piéces du Procès de M. de la Bourdon-
nais, par de Genner. *Paris*, 1750, 2 *vol. in-4.*

4 · 12 2157 Ecole Militaire, par l'Abbé de Rainal. *Paris* 1761,
3 *vol. in-12.*

5   2158 Carte des principales Actions du Prince Edouard en
Ecosse, par Grante. *in fol.*

1 · 4 2159 Histoire de l'Isle de Corse. *Nancy* 1749. *in-12.*

3   2160 Catalogo di gli antichi monumenti di Ercolano da
Ant. Bayardi, *In Napoli*, 1754, *in-fol.*

F I N.

Lû & approuvé, ce 9 Avril 1771. Le Clerc, Adjoint.